抖音爆款秘籍

涨粉、引流、爆单
全攻略

微子 赵国庆◎著 ⟶

TIKTOK

台海出版社

图书在版编目（CIP）数据

抖音爆款秘籍 / 微子, 赵国庆著. -- 北京 : 台海
出版社, 2023.7

ISBN 978-7-5168-3607-1

Ⅰ.①抖… Ⅱ.①微… ②赵… Ⅲ.①网络营销
Ⅳ.①F713.365.2

中国国家版本馆CIP数据核字(2023)第140917号

抖音爆款秘籍

著　　者：微　子　赵国庆	
出 版 人：蔡　旭	封面设计：异一设计
责任编辑：姚红梅	

出版发行：台海出版社

地　　址：北京市东城区景山东街20号　　　邮政编码：100009

电　　话：010—64041652（发行，邮购）

传　　真：010—84045799（总编室）

网　　址：www.taimeng.org.cn/thcbs/default.htm

E-mail：thcbs@126.com

经　　销：全国各地新华书店

印　　刷：河北盛世彩捷印刷有限公司

本书如有破损、缺页、装订错误，请与本社联系调换

开　　本：880毫米×1230毫米		1/32	
字　　数：158千字		印　　张：8.25	
版　　次：2023年7月第1版		印　　次：2023年7月第1次印刷	
书　　号：ISBN 978-7-5168-3607-1			

定　　价：59.00元

前言

PREFACE

或许你没有下载抖音App，但你一定听说过它，因为在当下，短视频不仅是一种娱乐和学习的特殊形式，更是一种高效的营销渠道。以公众号为代表的图文时代正在离我们远去，越来越多的人通过短视频打发时间、拓宽视野、参加培训……而抖音毫无疑问地成了短视频行业的头牌，它吸纳了来自五湖四海的用户，每个人既可以是浏览者，又可以是创作者，他们或是通过视频展示自己的生活，或是通过视频了解他人的故事。

尽管短视频已经进入稳定的发展阶段，但其蕴藏的爆发当量并没有削弱，它依然是具有强大传播力和营销性的风口。在巨大的流量和红利的诱惑下，许多人都想入局分一杯羹，因此，抖音也就成了无数用户竞相试水的舞台。

既然抖音如此好玩、好用，那么我们怎样才能摸清它的运行规律，让自己成为一个被万千粉丝关注的大V呢？

在拍摄视频之前，一定要弄清自己的定位是什么、哪种类型的视频比较火爆、哪些领域是自己擅长的，只有在搞清了这些问题之后，你才拥有发力的目标和方向。接下来，你要构想一个不落俗套的创意，设计精妙美丽的构图，撰写感人至深的故事，演绎真实生动的人生，剪辑如梦如幻的镜头……这些都是作为创作者必须掌握的本领。虽然可以从网络上搜集到相关知识，但你需要的不是碎片化的信息，而是要有清晰逻辑、主线大纲和完善理论的支撑，这样你才能成为一个通观全局的平台运营大师。

创作出一条优质的视频只是一个开始，你的终极目标是成为一名合格的"抖商"，此时的你要懂得抖音的运营法则，了解它的智能算法，读懂它的禁忌条文，吃透它的推荐规则，这样才能在瞬息万变的移动互联网世界精准地把握风向，看清流量的增长点和属于你的契机。

行为由思维决定，结果由实践决定。纵然你有拍摄和制作视频的天赋，纵然你有团队辅助运营，但如果你不能训练成"抖音思维"，那么你所存储的知识和经验都很难转化为流量和资金，你要在头脑中植入用户服务、内容传播、赛道选择等多个模块，再把每个模块的规律和法则牢记于心，形成完整的理论体系，才能拥有出人头地的竞争优势。

　　本书立足抖音新人，无论你是创业者还是打工人，都能通过本书翔实可靠的理论和丰富多样的案例，循序渐进地完成从入门到进阶，再到高阶，最后成为流量王者的蜕变之旅。本书的保姆级细心讲述和专业性问题分析，不仅能够帮助新人答疑解惑，还能启迪每个内容创作者的灵感和思路，让其在放下书本之后灵光乍现，产生精妙的想法和领先的创意。本书将助你在这片红海中找到属于自己的蓝海，直达变现的彼岸，实践埋藏心中的远大目标。

目录
CONTENTS

第一章
扫盲篇：五分钟了解短视频

新媒体传播的门道	002
盘点短视频发展简史	008
群雄逐鹿的短视频版图	013
灵魂发问：为什么你选择抖音	020

第二章
入门篇：算法和机制

解密核心算法	026
推荐机制分析	032
获得标签的行业秘密	037
账号搭建入门	043
不可触碰的禁区	049

目录
CONTENTS

第三章

新手篇：账号运营法则

如何养成一个理想账号	056
看准你的表：发布时间和更新间隔	062
账号权重是什么	068
粉丝的互动与培养	074
强强联合：视频赋能有奇效	078
B 计划：多平台布局战略	084

第四章

进阶篇：优质内容是如何产出的

人设：你凭什么被人关注	090

目录
CONTENTS

短视频矩阵怎么玩   096

裂变，从一个热点开始   101

文案的类型和对应写法   106

那些惊掉下巴的创作手法   111

第五章
认知篇：为什么你的思维落伍了

你做好用户画像了吗   120

为什么你的故事不好看   126

八倍镜瞄准用户的痛点   132

先解决问题，再考虑赚钱   138

付费的才是最好的   143

目录
CONTENTS

////////////////////////////////////

第六章
制作篇：不能忽视的拍摄与剪辑

请选择你的英雄：拍摄器材盘点 150

"草根"的蒙太奇：运镜和转场 155

服装、道具和场景的妙用 162

剪辑软件的选择 168

加分还是减分：背景音乐的妙用 173

打造素材库 178

第七章
后台篇：你的数据反馈了什么

如何查看账号数据 184

目录
CONTENTS

通过搜索与测试优化内容　　　　　190

爆款潜质：点赞、评论和转发　　　195

完播率：用户为什么划走了　　　　201

涨粉率：只有你不受欢迎　　　　　207

转化率：流量如何变成真金白银　　213

第八章
终极篇：流量变现直通车

直播带货：镜头一开，变现很快　　222

广告订单：让粉丝为你买单　　　　229

抖音小店：博主和店主的完美合体　235

品牌赋能：一个账号救活一个企业　242

扫盲篇：五分钟了解短视频

第一章

新媒体传播的门道

在传统媒体面临越来越严峻的挑战之际，以互联网和移动互联网为代表的新媒体诞生了，它们是时代和经济共同发展的产物。毋庸置疑，它们的出现对传统媒体造成了严重的冲击，让我们从电视广告、报纸启事搜集信息的习惯改成了观看互联网广告、自主搜索的习惯，我们的生活方式发生了巨变。

生活方式与过去不同，我们的认知思维就要跟着转变：当你想为自家的产品发布广告时，你该考虑的不是哪家电视、报纸有影响力，而是哪个网络平台的用户基数更大；当你想从事内容创作时，你该考虑的也不是寻找适合你的书本、杂志，而是选择更有传播效果的短视频、公众号等新媒体。因此，只有在你足够了解新媒体的传播特点和传播策略之后，才能在这个巨变的新时代找到一方立足之地。

我们先来看一下新媒体传播具有哪些特点。

第一，交互性强。

你在一张报纸上是无法和主编进行直接沟通的，你在观看电视时也无法直接和电视台交流，但是你在短视频平台可以给博主留言，你在直播间里可以和主播直接互动，这些就是更强的交互性。你虽然身为受众，却不再是单向地被传播信息的对象，而是可以和信息输出端进行交流，甚至帮助对方修正某些传播信息。自然，交互性的加强增强了受众和新媒体的绑定关系。

第二，碎片化信息。

在阅读报刊和观看电视节目时，我们接收到的信息往往比较完整，比如一篇长达几千字的通讯报道，比如一部完整的电视剧。但是在新媒体平台上，我们接收到的信息就变得碎片化，比如一篇新闻报道的几条评论，再比如一段几十秒的电视剧分集介绍，这种碎片化虽然造成了信息的不完整，但也更加节约了受众的时间和获取成本，让他们只根据自身需求了解最需要的信息。

第三，超文本和超链接。

传统媒体是封闭的，报刊只能承载图文信息，电视广播只能承载图像和声音信息，但是新媒体却是开放的，你可以在一篇公众号文章中通过超链接跳转到一段视频，也可以在一条视频下方找到文字版信息，这就让受众能够更方便地提取自己所需要的全部信息，也让信息输出方自由地选择传播形式。

第四，资源共享。

无论是互联网还是移动互联网，你都可以下载和上传某些资源，通过分享的形式让更多的人接收到，这是传统媒体无法做到的事情，因此从这个意义上讲，每个受众都是信息的传播者，他们的自主决定会让某个信息产生裂变效应，甚至可以催生出一个超级大IP。

第五，社群化。

网络社交的兴起，让受众之间也形成了交互关系，大家在一篇公众号文章下可以互相讨论，在一条视频下可以自由探讨。这种交互性会促使受众群体转变为一个粉丝群体，他们可能把一个短视频博主或者一位主播当成意见领袖甚至偶像，这种社群自然也成了信息传播的发酵地和中转站。

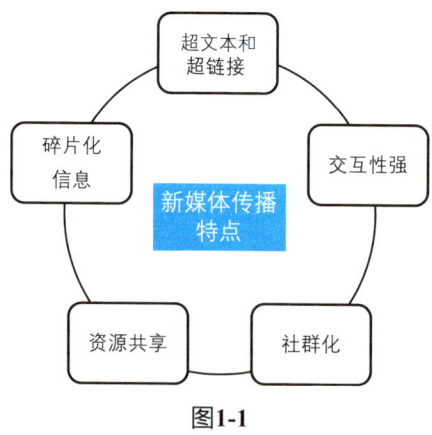

图1-1

盘点了新媒体的传播特点，我们再来看一下新媒体传播有哪些技巧。

第一，内容制作简单易懂。

如果说传统媒体对内容的定位像"学院派"，那么新媒体对内容的定位更像是"江湖派"，不要求有系统的理论，只需要有通俗易懂的讲解即可。比如，在介绍美食烹饪方法的时候，不需要对食谱、食材进行必要的背景介绍，而是可以直接烧锅加油，一边现场炒制，一边介绍几点注意事项，满满的干货分享，简单粗暴好上手，这就符合了绝大多数受众的需求。

第二，精准定位受众。

虽然传统媒体也会在一定程度上区分受众，比如针对不同年龄段的报刊、不同人群的电视节目，但这种筛选是相对粗糙的，也缺少实时反馈的功能。而新媒体则不同，可以通过后台的大数据分析直接勾勒出用户画像，从而更精确地定位受众，这样就能充分抓取到目标受众。相反，如果你没有做好用户画像分析，比如在只关注美食的人群中分享数码科技知识，就可能造成用户的大量流失。

第三，标题吸引。

虽然人们都痛恨"标题党"，但是从营销和传播的角度看，一个能吸引眼球的标题的确会在短时间内收获更多的流量。根据国外研究证实，阅读标题的人群是阅读正文的人的五倍，所以标题就起到了至关重要的第一印象的作用。当然，这并不是说我们可以毫无底线、毫无节制地纯靠标题吸引眼球，而是要在确保内容质量的前提下想出一个符合传播规律的标题。

第四，信息"分量"要准确控制。

虽然受众喜欢接收干货信息，但在快节奏的时代每个人的耐心有限，你分享一条几十秒的生活小妙招没问题，但如果分享一条十几分钟的生活百科那就会比较尴尬，因为能看到最后的人少之又少，所以我们要尽量控制字数和时长，正如微博的"140字原理"一样，短视频通常也要集中在15秒、30秒以及1分钟这几个区间，越短就意味着能触及的受众越多。

第五，营销方式千变万化。

传统媒体有属于自己的营销方式，比如报刊的文字营销和电视的视觉营销，它们只能遵循各自的传播特点。但是新媒体的营销方式是多样的，一个短视频博主既可以通过画面和音乐来植入营销元素，也可以通过文字讲述来打动人心，这就意味着可以利用组合营销的方式去攻坚用户，通过试错来选择最适合自己也最适合受众的传播手段。同理，你的营销平台也是可以变化的，比如你之前的主战场是公众号平台，后来发现传播的内容不适合用文字展示，那就可以转战到短视频平台，通过动态画面传播内容，这种丰富的、多样的、可变的传播渠道会给你更多的营销机会。

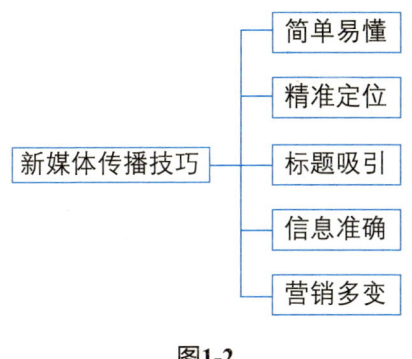

图1-2

　　新媒体是一种传播形式较为复杂的全新事物，它可以让每个人都成为内容创作者和信息传播者。它自身也有一套运行法则，只有掌握这些特点和技巧，才能真正驾驭好它。

盘点短视频发展简史

根据中研普华产业研究院发布的《2022-2027年中国短视频行业市场调研与投资战略咨询报告》显示，截至2022年12月底，我国的短视频用户规模约为9.85亿人，占全体网民的使用率高达92%以上，同比增长将近两个百分点。从年龄分布上看，短视频用户覆盖面很广，从青少年到银发一族都有忠实用户，而10岁及以下的小网民的使用率也达到了90.4%，即便是超过50岁的中老年用户，短视频的使用率也超过了30%。

上述数据足以证明，短视频当之无愧地成了广大网民的"时间杀手"，这种火爆程度是之前任何娱乐形式都不具备的。那么，短视频是如何发展到今天这种全民娱乐的地步的呢？

众所周知，短视频脱胎于长视频，是更符合人们在碎片化时间进行娱乐的需求的，最早可以追溯到2011年。在2011年之前，随着土豆、优酷、搜狐、爱奇艺等视频网站的相继成立，人们的视频娱乐需求持续增长，对视频的关注度也不断升温，但是并非所有用户都能坐在电脑前拿出几十分钟甚至更长的时间去看一部网剧，他们更需要的是几分钟甚至十几秒长的短视频来打发时间。同样对于内容创作者来说，长视频的拍摄制作成本较高，风险也较大，并不适合所有团队和个人；相比之下，短视频制作流程简单、成本可控、互动性更强，容易被受众接受和传播，还能肩负起重要的营销属性，所以才渐渐成了不少内容创作者的新宠。

2011年还有一个重要的时间节点，那就是智能手机开始在中国普及。和传统的功能机相比，智能手机就是一部微型的电脑，带给用户更丰富的功能和使用体验。在智能手机刚刚兴起的时候，人们可以通过彩信来发送自己拍摄的照片，而彼时的社交网络却很难复制这种分享，因为双方必须都在电脑前才能完成交互，这就导致很多人只能在自家的电脑上孤芳自赏自己拍摄的照片和视频。到了2013年，移动端的硬件水平有了进一步的发展，移动互联网也进入快车道——影响未来发展的5G项目开始启动，通信行业正在从3G时代迈向4G时代，人们在移动端上网的体验产生了质的飞跃，中国智能手机用户群体进一步扩大，自然，移动互联网这个潜力巨大的市场引得各路资本蜂拥而入。

在多方力量的追逐和支持下，短视频开始了它的崛起之路，无论是内容生产端还是传播平台端，都有利于它的高速发展，这其中也诞生了一批短视频平台。

2011年，快手诞生，但此时的快手还是一个以制作GIF动图为主的平台，直到2012年，快手才开始朝着短视频这个新方向转型。而到了2013年，更多的资本参与进来，这意味着更多的短视频平台诞生，这其中有小影、秒拍、魔力盒等，其中秒拍和微博合作成为其内嵌应用。到了2014年，美拍、蛙趣上线，进一步扩大了短视频平台的阵营。2015年，小咖秀、小红唇上线，丰富了短视频平台的类型。2016年，梨视频和抖音诞生，短视频市场进入群雄逐鹿的红海时代，这也吸引了更多竞争者入局。所以在2017年，土豆转型短视频，今日头条发布西瓜视频，腾讯重新启动微视，百度好看视频等纷纷进来抢一杯羹。而到了2018年，局势再度发生变化，腾讯多次领投快手，今日头条收购了海外短视频平台Faceu（激萌）……短视频市场逐渐形成了"众神归位"的局面。

为何短视频有着如此迅速的发展呢？

第一，从用户的角度看，内容消费的升级加速了这个过程。从过去的图文时代到今天的视频时代，后者能够更好地在碎片化时间上满足人们对内容消费的需求，毕竟图文的呈现方式不如视频那样直接，而短视频自身结合了故事、音乐、摄像等多种艺术形式，属于集大成者，自然用户基础就更加广泛。

除了消费需求外，社交需求也是短视频发展的重要推力。在互联网时代，人们大多是通过论坛、桌面端的聊天软件等方式进行社交，社交方式主要就是图文传递，传播速度和交互方式都比较单一；而移动互联网时代的短视频则不同，它能直接呈现出分享者最真实、最全面的状态，也能覆盖图文承载的信息内容，所以人们更愿意通过分享自拍视频进行社交，这就成为用户纷纷进入短视频平台的动力之一。

第二，从内容分发的角度看，短视频的优势也非常明显，那就是它更易于通过大数据和算法来分析用户，从而做到精准推送。毕竟每个人的手机号都是实名制的，而通过手机还可以锁定地理位置、生活轨迹等重要信息，这样就方便平台对用户进行分类和抓取，让人们在碎片化的时间里高效地进行娱乐。

第三，从营销的角度看，短视频更符合商家的推广需求：制作流程简单、传播速度快、覆盖人群广，这些都是传统媒体无法做到的。在商家眼里，短视频是一条条简短有趣的小广告，精确地投放到目标人群那里，远超传统的电视广告和纸媒广告。除此之外，用户对短视频的依赖性也逐步增强，这意味着每一条广告的触达范围会更广，投送效率在提高，所以，资本对短视频市场的青睐也推动了它的快速发展。

回顾短视频行业的发展简史，目前短视频行业已经走过了潜力期、成长期和爆发期，进入了建设期。在这个阶段几乎没有新的入局者，各大平台也都有了属于自己的独门秘籍和固定受众，外来者想要进入比较困难。而对于内容创作者来说，创造奇迹的风口也逐渐变少，很少出现莫名其妙就能一夜爆火的案例，因为用户也在逐渐成长，他们对低质量的短视频内容是深恶痛绝的，一些粗糙低俗的营销手段很难蒙骗他们。还有一个重要的变化是，国家开始重视短视频的传播方式，比如2020年的脱贫攻坚、2021年的乡村振兴，都启用了一些网红直播带货，从而提升农产品价值，拉动农村经济。

现在我们可以大胆地预言，未来的3—5年中，随着5G技术的不断普及和发展，短视频非但不会走向消亡，反而可能会结合新兴的VR、AR等技术进一步提升用户使用体验，从而让整个短视频行业进入竞争格局稳定、内容精品化、社交性更强的成熟期。在这个阶段，一切都将变得更有规矩，确定性的因素增多，偶发性的因素变少，每个入局者只有充分理解了行业特质，才有走向爆红的可能。

群雄逐鹿的短视频版图

如今，短视频行业已经进入稳定发展的阶段，各大短视频平台也对应着不同的属性，那么作为一个入局者，应该选择哪个平台作为自己发力的主要目标呢？下面，我们就来盘点一下目前热门的短视频平台。

第一，抖音。

抖音是字节跳动旗下的短视频平台，成立于2016年，它的口号是"记录美好生活"，平台的用户以女性居多，主打时尚、年轻，覆盖较多的是一二线城市的用户。抖音的平台特色是多元化，智能推荐算法很强，注意平衡用户、内容和流量之间的关系，对于内容生产比较友好，对于达人有着能量加成的作用，也就是说"越走红就会越走红"。

作为一个在短视频领域的超级App，抖音日活用户超过7亿，庞大的用户基数和市场影响力，成为很多新手试水的地方，而后端服务的成熟也让很多新手找到了出路，比如官方自己就制定了很多教程，帮助内容创作者熟悉操作流程。当然，机会和风险是并存的，用户基数大也意味着竞争对手多，因此抖音现在从内容上出现了两极分化：一种是相对粗俗的，针对下沉用户；另一种是更加精致的，满足主体用户需求。

第二，快手。

快手在2012年转型为短视频平台，目前最大的单一持股方是腾讯，其次是宿华（快手联合创始人），它的口号是"拥抱每一种生活"。平台的用户以下沉用户为主，主要覆盖三四线城市乃至广大乡镇农村地区。快手的平台特色同样是多元化，通过算法推荐注重关注者之间的协同关系，有利于增强用户的社交关系，对偏远地区的直播带货有着重要的推动作用。和抖音相比，快手比较注重培养新人，不会把资源集中在头部或者腰部上，这一点对新手来说很有吸引力。

作为国内起步较早的短视频平台，快手日活用户大约在3.6亿，它所抓取的用户群体也和抖音重叠度较低，这些来自下沉市场的用户对移动互联网充满了未知，因此对短视频有着更强烈的探索欲和接受度。

第三，西瓜视频。

西瓜视频同样属于字节跳动旗下，成立于2017年，它的口号是"点亮对生活的好奇心"，定位是一二线城市"80后"和"90后"的用户群体，也包含了新一线城市的用户，从用户年龄上看不算年轻，这也是为了和抖音作出区分。西瓜视频的平台特色是内容比较丰富，设置了影视、美食、音乐、综艺以及游戏五个大类的频道，这些频道占据了一半的视频存量。同样，西瓜也是基于用户数据进行智能算法推荐。

西瓜视频是从过去的头条视频升级而来，它和抖音、快手的最大不同在于，它以横版视频为主，而且视频时长多数是在1分钟以上，目前日活用户超过了1亿，和抖音遵循着相同的运营逻辑，官方都给予新手操作教程，对于喜欢拍摄vlog和三农领域的创作者来说，西瓜视频是一个不错的选择。

第四，微视。

微视是腾讯旗下的短视频平台，成立于2013年，它的口号是"发现更有趣"，用户主要覆盖大学生、职场新人以及小白领等群体。微视的平台特色是基于影像的社交平台，功能相对比较丰富，操作简单，十分适合新人上手，目前日活用户在5000万左右。和抖音、快手一样，微视也是以竖版视频为主，时长较短。

微视是腾讯一度放弃随后又"王者归来"的视频平台，在2017年曾经被宣布关闭，不过又在当年重启，究其原因还是商业化速度较慢，没有在短时间内让腾讯看到其发展的潜力，而这也体现出腾讯在短视频行业的矛盾心态：一方面投资了快手，另一方面也扶持自家的产品。如果是新手，也可以去微视尝试一下短视频拍摄和制作，毕竟相比于抖音、快手，其竞争压力较小。

第五，好看视频。

好看视频是百度旗下的视频平台，成立于2017年，它的口号是"轻松有收获，好看有营养"。用户主要覆盖三四线城市，年龄比较多元化，并不针对某个特定的年龄段。从内容上看，好看视频覆盖知识、美食、游戏、健康、情感、资讯、影视等多个领域，力求成为一个让用户探索世界、自我提升并获得幸福感的综合视频平台。从平台属性上看，好看视频对标的是西瓜视频。

好看视频的平台特色是以横版视频为主，目前日活用户超过1亿。和其他视频平台相比，其优势是视频AI功能比较强大，比如可以实现视频分发的无痕化，促进用户的使用体验提升；再比如在视频场景识别方面，可以100%实现机器自动分类，而在人体前背景分割技术方面，人体区域的识别准确率超过了95%，处于业界领先水平。因此比较注重技术流的创作者可以去该平台试试水。另外还有一点优势不能忽视，那就是在使用百度搜索时，好看视频的作品具有较高的搜索引擎权重，能够增加曝光率。

第六，秒拍。

秒拍是新浪旗下的短视频平台，成立于2013年，它的口号是"秒拍，超超超超好看"，用户群体主要是二三线城市的年轻用户。由于背靠新浪，所以秒拍打通了和微博的联系渠道，增加了更强大的社交平台属性，在操作上对新人也比较友好，对于喜欢流行文化的用户来说很有吸引力。

秒拍的平台特色是横版视频、时长较短，由于和新浪有战略合作关系，所以在新浪微博上的搜索引擎具有较高的权重，同时也是时尚达人的垂直领域平台，对这方面感兴趣的用户可以尝试进入。

第七，微信视频号。

微信视频号是微信内嵌的视频平台，也是腾讯布局短视频赛道的另一个产物，它于2020年开通，不同于订阅号和服务号，是一个全新的内容记录和创作平台，腾讯给予它的定位是"了解他人、了解世界的窗口"。和微视相比，微信视频号更加注重内容的价值输出和生活分享。而微视则倾向于娱乐化和泛娱乐化。不过，基于微信超过12亿的用户基数，微信视频号的发展潜力是要超过微视的，目前日活用户超过了4亿，已经直追抖音和快手了。另外，如果在公众号做内容输出的创作者，也可以方便地在微信视频号下面插入公众号的链接，而微视则不具备这一功能。

第八，抖音火山版。

成立于2017年，2020年火山小视频和抖音正式宣布品牌整合升级，就此成为字节跳动旗下对标快手的短视频平台，它的口号是"更多朋友，更大世界"，用户主要来自三四线城市。相比于抖音的精致感，抖音火山版更加接地气，符合大众化品牌，功能简单容易上手，从发展战略上可见字节跳动对其的重视程度。所以如果在抖音上有所深耕的话，同步发作品到抖音火山版也是一个不错的选择，而如果担心竞争压力太大，也可以把抖音火山版当成主阵地。

第九，哔哩哔哩。

哔哩哔哩，英文名bilibili，简称B站，它的口号是"哔哩哔哩-(°-°)つロ 干杯~"。用户主要是二次元文化的垂直人群，年龄偏向年轻化，以"90后""00后"为主要群体。B站的平台特色是聚合类视频和泛二次元文化社区，主打的是横版视频和长视频，这一点和西瓜视频、好看视频比较相似。目前日活用户超过9000万，对于想要进行长视频创作的用户可以尝试入驻。

图1-3

上述列举的并非所有短视频平台，而是目前比较热门的平台，想要成为一名短视频博主，基本上只能在这些平台中作出选择了。从行业影响力来看，抖音和快手领跑全场，但其流量对新人来说也是非常稀有的，想要在短时间内产出业绩并不容易，因此最理智的做法还是选择与自己适配的平台，毕竟适合的才是最好的。

灵魂发问：为什么你选择抖音

在了解了各大短视频平台之后，下一步要作出的决定就是去向哪里了。虽然我们不得不承认"榜一"的抖音存在更大的竞争压力，但是其超高的流量也是吸引很多人纷纷入驻的重要因素，毕竟，在一个冷门的短视频平台做出名堂也并非易事，相比之下，抖音自带的一些优势资源还是能给予创作者更多的机会和可能。

截至2023年1月，抖音的月活跃用户已经超过了20亿，其中海外用户占比突破了50%，这意味着身边总有人在使用抖音，所以从社交属性的角度看，在抖音上传一部作品，会很容易在朋友圈中流传，这是其他短视频平台无可比拟的优势。当越来越多的人加入抖音这个大家庭之后，上传作品的曝光率、传播率也会水涨船高。更重要的是，资本对抖音也很青睐，目前抖音和腾讯、微博等互联网巨头都进行了合作，这意味着有更多的用户可以通过其他入口进入抖音，对于新人来说这就是潜在的风口。

想要玩转抖音，就要弄清楚抖音是如何获得巨大成功的，作为一个比快手成立时间要晚的入局者，它是如何坐上头把交椅的呢？

2016年抖音上线之后，随即进入了探索阶段，当时岳云鹏的微博发布了"这是我见过最像的"一条动态，对抖音起到了间接宣传的作用，从而让这款短视频App迅速进入了大众视野。进入2017年，抖音通过一系列的运营和推广，进一步提升品牌知名度，从2018年到现在，抖音进入了产品的成熟期，稳居短视频行业的霸主地位。

那么，对于一个内容创作者来说，抖音有哪些优势值得我们优先选择呢？

第一，定位精准。

互联网的流量是属于年轻人的，他们掌握着无可比拟的话语权，特别是一二线城市的年轻人。他们热衷于追赶潮流和时尚，喜欢制造和炒作话题，这些都是互联网传播的基础。抖音将主要用户群体集中在年轻人身上，他们对新鲜事物特别关注，有着强烈的探索欲望和非理性的消费欲望，而且追求个性、乐于表达。这些要素是内容创作者和商家喜欢的，是内容创作者和商家日后变现的关键因素。

第二，创意领先。

正所谓"好看的皮囊千篇一律，有趣的灵魂万里挑一"，一条短视频能否火爆，很大程度上与其创意含量有关。在抖音上，你能看到角色反串，内容既搞笑又富有生活感，很能引起受众的共鸣；你也可以看到"男朋友要有多少工资才能养得起你？能请我吃饭就好"这样的反转式问答。此外对于混剪技术的巧妙应用，对BGM（背景音乐）的精心设计，等等，这些都可以在抖音上找到开创者，这和平台的支持、引导有着千丝万缕的联系。

第三，受众群体克隆化。

这句话翻译过来就是"可复制性强"。在抖音上，你会经常看到一种现象：某一条视频火爆之后，很快会冒出很多模仿的视频，而且这些视频的播放量还不低，这也就意味着模仿在抖音是有市场的，它不会被简单粗暴地理解为抄袭，而是成为一种默认的潮流。基于这样的文化氛围，新人也可以通过模仿来吸引流量，在拥有一定的粉丝基础之后再去探索适合自己的创新模式，就会少走一些弯路。

第四，用户维度不断拓宽。

虽然人们习惯把快手和抖音的用户群体区分开来，但其实在短视频行业日臻成熟的今天，这两大平台的用户还是存在重叠的现象。这就意味着平台的包容性更强，触及的人群范围更广，你不必担心视频是针对下沉用户而直接去了快手，这也在客观上扩大了内容创作者的生存空间。

第五，推广优势。

做视频的终点是变现，虽然抖音在直播带货方面并不算最突出的，但它的"KOL+电商"的形式十分有利于电商小程序的推行分发，很多百万级别的抖音账号都会批量呈现淘宝卖家的卖货链接，而且各路KOL（关键意见领袖）的查找量也明显增加，这就从侧面说明很多用户把抖音当成了第二个淘宝，是带着购买计划点开软件的，这自然就有利于吸引商家，而商家的进入就给予内容创作者更多变现的渠道。

第六，差异化流量优势。

追求个性是年轻人的特征之一，而对于内容创作者来说，最担心的就是自己的作品是否能够得到认同，是否会被认为过于另类而没有受众。在这方面，抖音的引导工作做得很好，它十分重视地域文化的差异，会有意识地从多个角度引导创作者展示不同的生活方式，让用户习惯有差异化的表达方式。

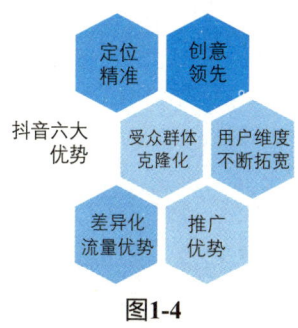

图1-4

上述六大优势并不能完全概括抖音的成功，但这六条都是从创作者的角度归纳的，只要吃透这背后的核心逻辑和运行法则，成功的概率就会高出其他人。

在信息化时代，人们的生活压力逐渐增加，时间也因为工作的繁忙而变得越来越碎片化，短视频的出现迎合了人们的这种需求。抖音深谙短视频的成瘾机制，通过智能算法持续地吸引新用户，同时增加老用户的在线时间。这种对人类好奇心的探索和利用让其走向了流量顶端，那么作为内容创作者，只要能够为用户创造价值，能够满足用户的相关需求，就永远不会缺少粉丝。在抖音这个充满时尚感、创意感、差异化、商业化的平台，就会有更多机会打造一个属于自己的舞台。

入门篇：算法和机制

第二章

解密核心算法

想在短视频时代成为一位大咖，是很多抖音玩家的梦想。当然，这个玩家的群体十分庞大，既有不甘于平庸的个人玩家，也有借短视频增加曝光率的企业，于是便有无数个怀揣梦想的制作团队"杀进"了短视频的赛道。不过，纵然你真的是一匹潜力巨大的千里马，也需要有一个慧眼识珠的伯乐助你一臂之力，这位伯乐不是平台的CEO，而是算法。

对抖音来说，数据是它变现的产品，流量是它生存的秘籍。掌握了核心算法，就相当于掌握了一把开启流量大门的钥匙，能让你事半功倍地从"小白"升级为大咖。

抖音的算法，是让平台的流量相对公平，也就是对所有用户都有效。根据用户的种种反馈不断改进平台功能，从而增强用户体验，让平台能够吸引并留住更多的用户，最终搭建良好的生态环境。

美国的《麻省理工科技评论》连续发布了20年的全球突破性技术榜单，在2021年的"全球十大突破性技术榜单"中，抖音推荐算法和运程技术、mRNA疫苗、超高精度定位一并入选，这足以证明抖音算法的技术含金量，它不仅能为用户提供最精准的视频内容，也改变了人们成为网红的跃迁方式，为用户带来了不一样的使用体验。

核心算法是一个比较复杂的概念，我们可以从内容创作者和内容消费者的角度去理解，具体有以下三个方面。

第一，标签算法。

标签就像是一个"刻板印象"，它能用最简单的方式归纳一个用户或者一条视频的特点，所以标签可以分为用户标签和内容标签两种。

用户标签是如何产生的呢？用户在抖音留下的足迹会被完整地记录下来，比如点赞、评论、转发等，这些数据会体现出用户属性，而通过一段时间的积累，平台就会赋予用户一套数据模型，里面记录了用户的年龄、性别、地域、爱好、消费能力等信息，这样用户的个人标签就被算法计算出来了。

同理，内容标签也很好理解，它是指发布者的视频类型是什么、用户对该条视频的反馈如何，这个往往和发布者的账号标签

（特指内容创作者的账号）相关联，比如情感类账号、喜剧类账号、美妆类账号，等等，这是算法基于发布者发布的内容为其匹配的标签。

需要注意的是，内容标签越清晰，垂直性越好，这样方便筛选用户，也容易让算法判断出发布者的核心特质。打个比方，如果发布者录制了一条去朋友家做客然后制作美食的视频，前半段讲社交技巧，后半段讲美食制作方法，这样虽然看起来同时获得了"社交"和"美食"两个标签，但对于单纯喜欢社交和单纯喜欢美食的用户来说，这条视频就显得不伦不类，缝合感太强，这就是视频内容没有充分对齐垂直用户，反而会遭到两个用户群体的排斥，是内容创作的大忌。

第二，推荐算法。

抖音是以用户为中心的，倡导内容的个性化，尽量对每个人进行兴趣匹配，这种思路叫作"千人千面机制"，所以很多人会觉得：抖音比自己更了解自己。

这一切要归功于算法。

算法是一个没有感情却拥有高度智慧的AI，它可以分析每一条视频的内容，然后通过点赞、评论和转发等数据分析用户的兴趣并打上标签，然后根据这些标签匹配给用户感兴趣的视频。如果你喜欢看美食和旅游类的视频，那么算法就会推荐相关的内容给你。当然，这种推荐机制也存在副作用，那就是把每个用户都圈定在一个"信息茧房"里，久而久之就会变得只了解自己感兴趣的内容，导致信息获取的深度增强，但是信息的宽度却被削弱了。但是从平台的角度看，这种推荐方法是最简单高效的，要想获得流量，就必须利用好推荐算法。

第三，交友算法。

没有社交的平台是很难产生可观的流量的，只有让用户与用户之间进行充分的交互，才能让流量持续增大。抖音算法有着"为你推荐"的重要属性，目的就是帮助用户拓展可以产生交集的新领域，这个交集的对象可以是视频，也可以是用户。为了增强用户之间的关联性和交互性，抖音在用户通过手机号码注册账号之后，会为你推荐可能认识的朋友，当然在推荐的过程中也会参考你的社交属性，比如让都喜欢美食的人增强互动性和关联性，再比如让都爱好旅游的人能够快速建立联系，这种"撮合"朋友的交友算法是实现用户裂变的有效渠道。

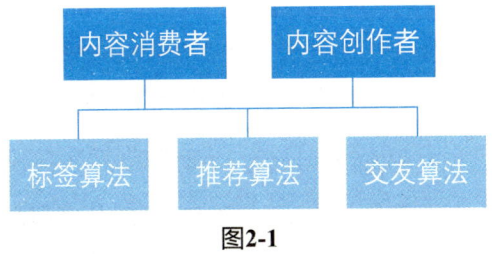

图2-1

以上三个算法都是免费的，不需要用户向平台付费。平台会免费为你设定标签、推荐朋友和感兴趣的视频，这些都是在没有人为干预的情况下用算法推导的结果。如果你认为算法没有帮到你，就可以通过人为干预的方式让算法有意识地帮你引流，那就是投放广告。

广告是抖音平台的一种盈利方式，当你发现自己的视频无法通过内容来获得流量时，就可以通过付费的方式让平台提高视频曝光率。至于要不要选择这种"人为算法"介入，还要从实际出发。

在了解了抖音的核心算法之后，我们明白了这个算法有一个非常重要的运行机制，那就是必须让AI进行大量的计算，才能抓取到更多、更准确的标签，这就很像是训练AI去识别苹果的过程：把相机拍摄的、动画制作的、抽象设计的等不同形态的海量的苹果图片展示给AI，经过反复观看才能让AI真正理解苹果的属性，从而完成精准的、人性化的识别。

可见，我们发布的视频特点是什么，仅仅通过几次运算是无法准确提取的，既然不能准确提取，自然就很难精准地推送给目标用户，这里所说的运算就是用户观看视频的次数。打个比方，A用户看了创作者发布的视频，只看了2秒就划走了，而B用户看完了整条视频并点赞和评论，那么算法就会对B用户进行分析并提取标签，如果B用户代表的群体观看创作者的视频次数越多，算法提取的标签就会越精确，平台就能把创作者的视频推荐给与B用户相似的更多账号，你就有了吸收"真爱粉"的机会。

视频的播放量越大，AI学习的机会越多，账号和内容的数据模型也就越精确，这就是对抖音核心算法的简单归纳。

抖音是一个运营能力很强的短视频平台，平台除了依靠算法引导流量之外，也会主动进行分配，而创作者要了解并熟悉算法的运行机制，为成为一个合格的操盘手积蓄能量，进而打造出爆款视频。

推荐机制分析

作为一个刚刚入驻抖音的新人，最渴望获得的就是平台的推荐了，虽然各大短视频平台对新账号都有特殊的关照，但并不是说什么都不用做平台就能把流量分给你。新人还是要弄懂平台的推荐机制，然后利用这些机制让自己的视频获得更高的曝光度和关注度。下面，就来介绍一下抖音的推荐机制。

抖音的推荐机制可以概括为叠加化、去中心化、分级化和"考古化"。

第一，叠加化。

抖音平台是一个厚待优等生的老师，只要发现学生能不断产生新成绩，就会持续地追加表扬，也就是说当创作者发布的一条视频被AI判定为用户喜欢时，这条视频就会被增加权重，也就意味着能获得更高的曝光度，这就是"推荐之上增加新的推荐"，即抖音推荐机制的叠加化。当然，老师对学生的关注度不会永无休止，一条视频总有热度下降的时候，而创作者则要充分利用被叠加推荐的宝贵周期（通常是一个星期左右），过了这个时间节点热度就会呈现几何式的下降。当然，如果创作者的视频有源源不断的后续，那热度维持的时间会更长。

一般来说，平台的叠加推荐主要看重以下四个方面：一是账号的初始权重，也就是创作者留给平台的第一印象和相应待遇；二是点赞率、评论率、转发率等数据以及持续的反馈表现；三是粉丝对账号的反馈；四是与其他账号的互动关系（是否有博主对作品点赞、评论等）。这很像是一个职场新人进入公司，留给领导的第一印象如何、试用期的表现、同事的评价以及是否获得了人脉。只有小心经营好这些复杂的关系，才能得到被发掘、被重用的机会。

第二，去中心化。

创作者在公众号上发布文章，没有粉丝就不会有阅读量；但是抖音不同，虽然它比较重视扶持达人，但也尽量给予新人相对公平的机会，创作者发布的任何一条视频，都可能拥有数量不等的播放量，不会真的无人问津。之所以会有这种保护效果，是因为抖音的每一条视频都会进入一个属于自己的流量池，这个可以理解为网络游戏中的"新手村"。在这个保护新人的流量池中的表现才是AI判断的依据，而不是和拥有几百万粉丝的头部进行比较，可以理解为抖音为每个用户都提供了表演的舞台，这就是去中心化。那么，AI如何判断创作者在这个舞台上的演出效果呢？主要是根据关注视频的用户，同时结合用户的相关数据标签，换言之就是创作者在"新手村"里作为一个新人的表现如何（比如点赞量、评论量、转发量和完播率等数据），最终平台根据这个表现来决定是否继续给其增加流量。

第三，分级化。

为了把不同量级的账户区分开来，抖音设置了低、中、高三个等级的流量池，相当于分出了轻、中、重三个不同赛区，每个赛区的选手都是根据各自账号的权重来匹配的。虽然轻量级的选手可以不必和重量级的选手直接对抗，但重量级的选手关注度会更高，创作者要做的就是尽量增加流量，从低等级迈向高等级，这样才可能被更多的观众熟知。打个比方，如果创作者连续发了一个星期的视频，每一条的播放量都没有过百，那么AI会判定创作者是一个僵尸号，发布的内容都是没营养的，所以才拥有如此惨淡的数据。如果播放量稳定在300左右，那大概率就会被判定为最低权重的账号，平台会把其划分到轻量级的赛区中，也就是低级流量池。以此类推，如果播放量超过了1000甚至更多，那就具备了进入高级流量池的筹码。

第四，"考古化"。

所谓的"考古化"只是一个戏谑的说法，其实就是抖音对早期发布的作品会偶发性地进行反查，比如创作者去年发布的一条视频播放量惨淡，但其中一个要素和今年的某个热点相关联，那就有可能被平台筛选出来重新推荐。这就在提醒创作者不要轻易删掉那些数据不好的视频，要持续地保证更新，提高账号权重，让平台不要"放弃"，说不定哪天就有被"考古挖掘"的荣幸了。这样一来，其他视频也会被提高关注度，说不定一夜之间就会增长几千上万的粉丝。

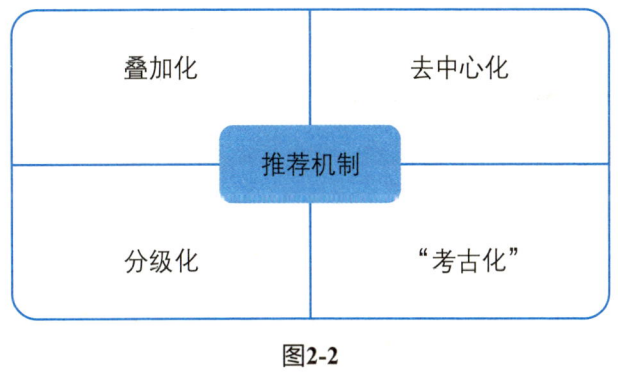

图2-2

在介绍完抖音的推荐机制之后，很多人都会迫不及待地想要知道，怎样才能被平台推荐呢？

首先，要确定自己发布的作品是原创。

当然，原创并不只是说创意独特，也可以是模仿却是自己制作的；如果只是转载甚至是剽窃，那就很难被平台推荐。

其次，掌握好时长。

短视频并非越短越好，当它短到根本不能承载足够的信息量时，则会被AI判定为视频内容不够完整，是一条"残缺"的视频。

再次，尽量增加独特的创意。

虽然原创对于新手比较困难，但至少可以进行微创新，让作品有一定的个人风格，因为AI会优先筛选题材新颖、创意度高的作品，所以我们要尽量发挥自己的特长，或者走搞笑流，或者走技术流，总之要有让人眼前一亮的元素。

最后，尽量让自己"合群"。

如果把抖音看成是一个大公司，那么新人在这家公司的人际关系也会影响未来的发展，这倒不是说让新人和头部们套近乎，而是要尽量参与官方发起的一些挑战活动，这些活动本身是被平台力推的，因此只要点击参加，就能获得相应的流量，对于需要曝光的新人来说是非常宝贵的机会。

或许有些人会遇到这种情况：别人发布的视频点赞量不如自己的高，播放量却超过了自己，这就是两个指标的含金量有所不同：播放量更能证明视频质量，而点赞量某种程度上可以理解为"人情分"，平台会优先让播放量高的视频升级到下一个流量池，产生滚雪球效应。所以，不要把精力放在求赞、求评论上，而要做好内容本身，这才是改变命运的机会。

获得标签的行业秘密

每一条视频都会在短视频平台上被打上不同的标签，这些标签就像是它们的身份证明，能够通过几个关键词来定位其内容属性，比如萌宠、美食、情感、旅游……在这些大标签之下还有小标签，比如萌宠下的宠物猫和宠物狗，比如美食下的面点和家常菜，再比如情感下的婚姻和恋爱……这些标签在作品分发时会起到重要作用，因为它要匹配不同的用户。

简言之，标签就是我们要做的垂直细分领域的关键词，所以才会收到平台推送的几个主题相近的不同视频，这就是因为它们的关键词相同或者相近，符合我们的观看偏好。同理，用户也会被平台打上标签，比如一个喜欢观看情感和舞蹈类视频的用户就会被打上情感和舞蹈类视频的对应标签。

那么，抖音标签除了对内容和用户进行分类之外，对内容创作者来说还有更重要的意义吗？

答案当然是肯定的，这个意义就是精准获取粉丝和帮助自己上热门。

新手需要了解的是，一条视频可以在哪些地方被打上标签，包括封面标签、文案标签、内容标签、声音标签以及昵称标签。封面是什么风格的，文案具有哪些特色，内容垂直对象是谁，声音有什么特质，昵称属性如何，这些都能进一步细化身份证明，也就是说标签越多，抓取的粉丝就越精准。比如，你发布的视频主题是职场生存策略，这里面也包含了情商、"打工人"、应对老板等多个细化标签，这些元素可能会体现在封面和文案上，那么当这些足够多的标签都能对应一个视频用户时，对方大概率就是你未来的忠诚粉丝。而如果只有情商这一条与之匹配，那么对方和你的黏着度就不会很高，因为人家想要了解职场之外的情商策略。

了解了标签的构成之后，我们就要学会使用一个关于标签的万能算式：地域标签+精准标签+拓展标签。地域标签是内容涉及的地理范围，比如"北上广"；精准标签就是内容的主题，比如"饭局"；拓展标签就是视频的附加或者细化内容，比如"礼貌地拒绝劝酒"。那么这条视频合起来就是"北上广的饭局上如何礼貌地拒绝劝酒"，这种相对完整的标签就能让用户在搜索时更快地发现，而搜索的用户和你的垂直对象也高度匹配，这样你就有机会获得高质量的粉丝。同理，完整的标签也会让你的视频有机会成为爆款视频，因为可能受到一条微博热搜的影响，北上广的年轻人都开始关注如何抵制酒桌文化的问题，那么你的这条视频就会成为大家都想浏览的目标。而如果你的标签不够完整，缺少了"北上广"或者"拒绝劝酒"这些标签，只留有一个"饭局"，不仅被搜索到的概率会降低，和热门话题的匹配度也不够，就很难成为热门视频。

那么，如何知道自己的账户和作品是否被打上了标签呢？可以使用三种方法。

第一，用小号搜索。

创建一个小号（也可以用朋友的账号）来搜索自己的主账号，然后点关注右面的小箭头，看系统推荐的账号是否是同类型的账号，比如主账号是学习号，点小箭头出来的也是学习号，那就说明已经被打上了标签。如果没有被打上标签，那当你点小箭头以后，推荐的都是关注你的粉丝或者其他不同类型的账号。

第二，通过抖音热点宝搜索。

热点宝是抖音新推出的功能，可以在搜索框中输入自己的账号名称，点开以后，如果已经被打上了标签，就会有相应的提示，反之就是没有被标记标签。

第三，通过看创作灵感来发现。

打开抖音搜索创作灵感，搜索出来查看推荐的话题是否和你的账号定位相关联，如果关联紧密就意味着已经被打上了标签或者即将要被打上标签，不过据很多人反映这个方法有时候并不准确。上述介绍的三种方法最好都尝试一遍，这样获取的结果更加准确。

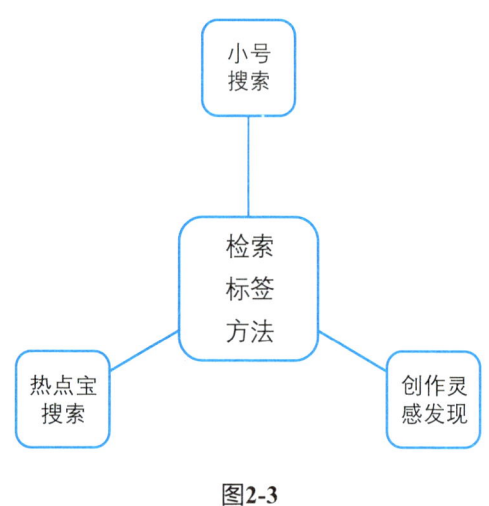

图2-3

那么，我们为什么要去查看自己是否被打上标签了呢？因为AI对账号和视频存在判定失误的情况，也就是没有被打上标签导致无法被用户准确地搜索到；还有一种情况就是被打上了错误的标签，比如我们发布的视频主题是美食，却被打上了生活百科之类的标签，这样就无法获取垂直用户。

　　遇到这种情况该如何处理呢？最简单也最有效的办法就是使用DOU+。

　　DOU+是抖音内容加热和营销推广的工具，如果想要自己的作品被更多的人看到，可以尝试使用它。可以在点击视频右下角的分享栏中找到DOU+的按钮，然后就可以进行账号定位的操作了。打个比方，如果你给自己定位成教育类，想要快速被平台贴上标签，就可以通过达人推荐的方式直接选择教育类大号放进去，大号粉丝就是达人粉丝，和你的精准目标粉丝是一样或者相近的，是一种有目的的视频投放行为。这样一来，当你的视频发布之后，一面被平台准确标注，一面会投放到可能感兴趣的人群中去。

　　需要注意的是，DOU+并非免费软件，它是抖音官方推出的收费工具，有创作者尝试后的结果是3天之内就被平台深度标注了标签，粉丝增长数量达到了预期。不过，对于预算有限的内容创作者来说，要把钱花在刀刃上，不要盲目投入，否则也会发生花了上万元却没有激起多大水花的情况。

　　一般来说，在DOU+上付费投放时，要尽量选择质量比较高的且有一定基础播放量和点赞量的视频，而且最好是和当下的热点贴近的。如果是过于冷门的或者低质量的视频，即便砸进去真金白银，也很难被打造成爆款，而且在付费之后要密切关注数据变化，一旦发现效果不理想就要及时止损。

当然，如果你不想在初创时期就投入太多，也可以通过免费的方式为自己打上标签，只是这些方法有时候不如付费之后的效率更高，下面列举两种。

第一，通过抖音创作者服务中心。

在抖音点击"我"这个按钮，然后点击右上角的三道杠，再点击创作者服务中心，在侧边栏中选择"创作者服务中心"选项，然后点击添加标签，进入后再点击下方的"+添加标签"，然后选择自己想要的标签，接着点击"下一步"，选择细分标签，然后点击完成后再保存。

第二，发布视频的时候增加相关话题标签。

这里添加的话题标签一定要和用户画像匹配，比如你发布了一条有关游戏话题的视频，内容涉及如何对待青少年玩游戏的问题，那么你可以在发布视频的时候增加《王者荣耀》的话题标签，这样就能找到更多游戏玩家粉丝。

无论如何，要想尽一切办法让平台对我们的账号和视频进行准确的标注，只有让平台的判定和我们自身的预期定位相重叠，才能让AI为我们匹配到精准的流量，缩短我们和爆款视频的距离。

账号搭建入门

账号是我们在短视频平台的"根据地"，系统对账号定位和视频分类都要依托它的运营效果，想要让账号被平台重视起来，就要了解抖音的账号体系，这样才能方便维护账号等一系列操作。

从账号的处境来看，新手的确不容易聚集私有流量，但平台还是尽可能地为优质的内容创作者提供爆红的机会，下面，我们就来逐步分析一下账号的搭建方法。

首先，要明确自己的账号定位是什么。从下面两个方面进行考虑：

一是垂直对象，即你的账号会发布哪一类别的视频。这个问题看似简单，但其实很多新手在初期，往往很难找到自己喜欢的或者擅长的垂直定位，甚至会出现有意模糊定位的行为，企图用

"脚踩两只船"的办法捕获更多的粉丝。从前面对抖音标签和推荐机制的分析可知，这只是一厢情愿的做法，AI根据视频内容已经进行了分类，如果定位不够清晰，很大概率会被打上错误的标签，自然就会距离真粉丝越来越远。

为了形成良性循环，从一开始就要明确自己的定位，不能说喜欢美食就心血来潮地发几条美食视频，然后又觉得做旅游更适合自己，于是把旅游和美食结合在一起，这就可能会让用户无法分辨你究竟是一个美食博主还是旅游博主。

假如你在美食和旅游两个类别中犹豫不决，那就要考虑一个现实问题：你更擅长讲解美食还是更喜欢常年出行在外。这个问题的答案决定了内容的可持续性，也能反面推导出粉丝对你的账号黏度是否够强。如果你自己无法找到答案，可以问问身边的人，在他们的印象中，你更像是一个美食家还是一个旅行家，这决定了你作为短视频博主的"人设"，而"人设"就是账号的类型。

抖音能够崛起的一个重要原因，是因为它的算法功能强大。对用户来说，他们停留在抖音的时间越长，就越能够发现自己喜欢的内容，所以只有当你瞄准一个方向持续发力的时候，才能产出更多优质的视频内容，有更多的机会呈现给你的目标粉丝。

比如选择了美食作为深耕方向，但美食的范围是很广的，可以是自制的家常菜，也可以去探店发现美食，还可以是成为网购美食的开箱博主……这些细分领域就是内容的定位，当然在细分领域可以存在大量的交叉和重叠，你可以昨天去探店，今天就按照学来的菜谱尝试自制，这就不算是定位模糊了。

那么，如何来确定内容定位的方向呢？首先要解决的一个核心问题就是产出的价值是什么。在当今时代，大家都很忙，用户的需求是在最短的时间内获取到最大的信息量（比如学习号）或者是某种情绪价值（比如娱乐号），所以从用户的角度看，他们在观看一条视频之后，认知上或者情绪上都要有一定的变化，比如收获了知识或者开怀一笑。

如果你选择做一名探店博主，那就要考虑自己到底要拍摄和讲解哪些内容，比如用户最关注的价格、味道、卫生、环境、路线等，这些是用户点开视频之前的预期，那么你就要在最短的时间内提供给用户上述信息。

二是如何建立差异化优势。还是以探店博主为例，从事这一行的博主很多，仅仅是提供一些信息还不能让视频成为爆款，如果你能在视频中加入自己的优势，比如你为人幽默，可以把每一次探店都变成搞笑的段子，通过和店家、顾客或者朋友的互动带给人们笑声，这样就可以提供给用户会心一笑的情绪价值，对比同类博主你就有了竞争优势。

其次，在了解了账号定位之后，下面要做的就是了解具体的搭建方法。

第一，昵称。

昵称是创作者在短视频平台上的名片，一个简单、有趣、好记的昵称十分重要，它是我们对陌生用户展示自我的窗口。一般来说，昵称是越简洁越好，这样容易记住，也容易传播，而一连串长的名字看似很有个性，可是当你的粉丝向别人推荐时，对方很可能根本记不住，结果手动搜索的时候输入错误，你就错失了收获新粉丝的机会。另外，不同的账号定位对文字风格也有不同的要求。如果是严肃科普类的，还是偏向比较正式的名字，比如"××分析师""××讲解员"，这样会让目标粉丝觉得你够专业；但如果是搞笑类的，就可以诙谐幽默一些，比如"8级社恐王某某""光头强和熊大"，这样更能引起受众的好感。当然，具体的起名方法可以参考同类型中的大V。

第二，头像。

头像是互联网社交的照片，决定了人们对你的第一印象，所以要精心挑选或者设计一个符合账号定位的头像，让用户在观看你的视频之前，通过头像就能大致猜到对应的内容，而不是产生一种"违和感"。比如，你的账号定位是讲解军事科技，但头像却是一个萌娃，这就会让该垂直领域的男性用户产生认知割裂，第一印象就没有做好；如果你选择了一架腾空起飞的歼击机作为头像就会和谐很多。总之，头像不仅要选择清晰直观的图片，还要注意和账号定位相匹配，不能全凭自己的喜好。

第三，头图。

头图是头像之外的第二张社交照片，是用户进入你的作品集之后点开看到的东西，它和头像一样会决定用户对你的好感度。一般来说，常见的头图设置就是本人出镜和视频作品进一步介绍的展示，从而强化你的个人IP价值，特别是在文字介绍中要对视频内容进行精确的概括，增强引导用户的价值。

第四，简介。

很多新人在填写简介时都比较头疼，因为刚开始做视频并没有清晰的方向，当然也有人急于求成地展示自己的联系方式，希望尽早建立自己的粉丝军团，其实这样做一方面容易违反平台的规则，另一方面也缺少现实意义，毕竟这样容易被平台和粉丝判定为营销号。所以在你还没有步入成熟期之前，简单介绍一下视频的主打方向，让粉丝明确账号定位即可。

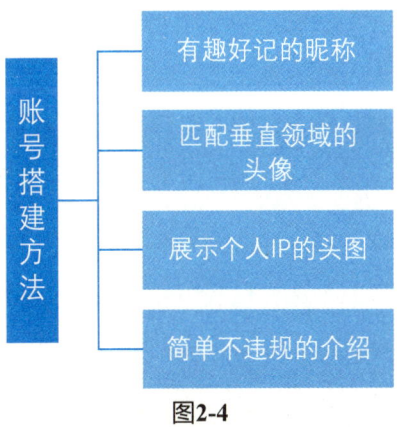

图2-4

　　账号是我们在平台的"身份证"，作为证件主人我们肯定希望把它设计得精美、大方、得体，所以要认真对待搭建账号的每一个环节，不要因为急于发布视频就草草选择了头像、填写了简介，这些草率的操作可能会影响我们作为短视频博主的命运走向。

不可触碰的禁区

在人人都是自媒体的时代，每个人都有在网络上发表言论的自由，但这也带来了一系列新问题：当有人传播反动、低俗、违背主流价值观的言论和信息时，平台该如何肩负起监管的责任呢？针对这种情况，不同的平台都建立了一套完整的法规制度，我们可以把它们理解为"红线"，也就是内容创作者不可触碰的禁区。

如今，抖音已经有了属于自己的算法和规则，为了持续输送正能量的视频内容，抖音会对违禁或者敏感信息采取相应的处罚措施，这就需要我们提前了解，以防自己触碰红线，导致作品下架甚至是账号被封禁。抖音严禁以下违规内容：

第一，政治。

任何与政治内容相关的画面、话题以及词汇都是不允许在抖音上出现的。

第二，色情低俗。

包括但不限于人和动物的性行为以及各种模拟的、虚拟的性行为和姿势，所有牵涉到乳房、臀部等性暗示的行为、语言以及自制的人物偷拍、沐浴、脱衣等色情低俗内容，这些都是比较严重的违规行为。

第三，血腥暴力。

在社会新闻中如果牵涉到血腥、残忍以及报复等内容都属于非法的存在，视频中也不能出现枪支、管制刀具、冷兵器等物件。

第四，版权。

凡是涉及版权侵权的行为都被禁止，比如影视剧、综艺以及他人的肖像权、NBA赛事版权、抖音的音乐版权以及各类机构的logo标识版权等。

第五，广告营销。

不能在视频中出现联系方式、微信号、二维码等诱导用户跳转的信息，此外包括带有品牌logo、二维码、电话、网站等引流性质的背景或者水印也不能出现。需要注意的是，视频中不能长时间地展示商品或者产品的logo以及App界面等，也不能出现打折、满减、促销、优惠券等难以识别真伪的招揽信息，同时严格限制产品的抽奖活动，不能出现点赞、转发、评论等方式的抽奖和送红包等类似活动。

第六，针对未成年的限制。

不能拍摄对未成年成年化的表现，如让小女孩按照成年人的穿着和妆容打扮，同时严格禁止让未成年参与成年人的娱乐项目，对引诱未成年消费、颠覆其三观、引导未成年人不良行为等视频内容也严格禁止。

第七，虚假宣传。

视频中的推广内容，不能涉及半永久、祛痘、整容等隐含动刀性质的医美内容术语，另外一切带有夸大性质且无法考证的用语都不能出现，比如"三天完全康复""治愈率百分之百"等，推广内容禁止以评比排名等方式进行产品推销。另外，涉及药品广告、生肖占卜等视频也是被严格禁止的。

第八，同行。

为了防止蹭热度或者拉踩行为，平台不允许在视频中提及同行大V的账号名称，除非你们之间进行了视频合作。

抖音严禁的违规内容还有很多，如果想要全面、仔细地了解，可以去官方或者网络上检索相关信息，尤其是针对你要做的视频类型，比如你想做户外生存类视频，那就需要了解能否在画面中展示一些刀具、捕猎用品等，只有详细了解不同视频类型的禁忌，才能产出符合平台要求的高质量作品。

下面，我们再来介绍一下抖音的违禁词，这些是新人最容易触碰的禁区，稍不留神就可能导致视频下架，而自己却又不知道问题出在哪里。

第一，和"国家"相关的词汇。

诸如"领导人推荐""某某机构特供""填补国内空白""国家机关唯一指定""中国驰名商标""无须国家质量检测"等词汇。

第二，和"一""最"相关的极限类词汇。

诸如"世界第一""国内第一""全网第一""第一品牌""行业第一""TOP1""仅此一家"等词汇都被禁止；同理，诸如"最佳""最优""最好""最大""最高""最奢侈""最低价""最流行""最受欢迎"等词汇也被禁止。

第三，带有绝对夸大效果的词汇。

"衣服绝对不起球""绝对摔不坏"等表述形式都是被禁止的，因为这涉及了虚假宣传；同样，带有"永久""无敌""史无前例""立竿见影""零风险"等类似词汇的宣传用语也都是被禁止的，这些都可能是欺骗用户的低劣营销手段。

第四，涉及第三方相关的词汇。

诸如"某信""某宝""某东"之类的词汇都被禁止，这是为了防止进行第三方平台的引流和跳转。

第五，和封建迷信相关的词汇。

诸如"旺夫旺子""增强第六感""逢凶化吉""避凶辟邪""防小人"等。

第六，不文明词汇。

包括一切涉及人身攻击、带有不文明色彩的语言。

第七，疑似医疗用语（普通商品，不含特殊用途的化妆品、保健食品、医疗器械）。

诸如"清热解毒""清热祛湿""驱寒解毒""调节内分泌""平衡荷尔蒙"等词汇。

第八，涉及民族和性别歧视类词汇。

以上列举的并非抖音的全部违规词汇，毕竟随着时间的推移会有一些新的违禁词汇出现，但我们只要认真了解上述被禁止的词汇，就会明白平台设定违禁词汇的基本逻辑：和政治、色情、暴力、广告、歧视、迷信等相关的画面和文字都被禁止。需要注意的是，虽然很多内容创作者会用拼音替代某些敏感词汇，比如"Q"代替"钱"，"K"代替"款"，但这并不代表你可以用上述缩写去描述违禁词汇，一旦被系统识别还是会被处罚。

没有规矩，不成方圆，遵守平台的规章制度，绝不触碰违规底线，这是一个内容创作者和普通用户都需要恪守的准则，因为它影响的不仅仅是平台的风气，也会影响全社会的风气。我们只有把自己打造成正能量、三观正确的输出者，才可能收获同样正能量的粉丝。

新手篇：账号运营法则

第三章

如何养成一个理想账号

当你连着发了好几条视频却只得到可怜兮兮的几个赞时，你首先要反思的就是自己的养号策略是不是出现了问题。

在短视频平台，你的账号就相当于你的孩子，用不同的方法养出来的结果是不同的：如果舍得投入真金白银送孩子接受高等教育，那么他们的综合素质就会得到显著提高；如果撒手不管任其进入放养状态，那么他们的发展前途就堪忧。

很多新人刚开始操作抖音的时候，总是带着一股天然的热情，疯狂地拍摄然后上传，最后发现播放量甚至都过不了200，这就是没有进行养号的结果。对平台来说，抖音更希望让那些制作水平高、传递正能量的垂直内容的账号获得更多的流量，所以在新号刚刚注册的时候，平台都会对其进行流量扶持，一般是对新号发布的前5个视频进行标签测试，然后推荐给对应的目标用户，便于鼓励创作者。

从这个角度我们就可以理解养号的核心目的了，那就是让账号活跃度增高，权重得到提升，否则就可能被平台判定为低质量账号或者营销号，进而被限流，这样一来，你发布的作品再优秀也很难被人看到了。需要注意的是，当你的作品播放量普遍低于200的时候，一定程度上说明你的账号被平台放弃了，最理想的办法就是重新养号。

下面，我们就来梳理一下，如何做才能养成一个理想账号。

第一，注册账号。

用手机号注册抖音账号，注册以后不用完善任何信息，也不必做任何修改，直接进入首页刷1～2个小时的系统推荐视频，可以对喜欢的视频点赞，但不要评论，在刷完系统推荐的视频之后，可以刷同城视频或者直播。在第一天注册之后需要保证至少2个小时的在线总时长。

第二，登录账号。

登录账号时不要用微信或者其他方式登录，而是要选择手机号登录，一部手机对应一张卡、一个账号，切记不要频繁地切换账号，这样可能会被判定为营销号进而被限流。另外在同一部手机上也不要开两个抖音账号，而在一个Wi-Fi下最多只连接三个账号，超出这个数量也会被判定为非正常用户进而被限流，而且一旦其中一个账号违规，那么相同Wi-Fi下的其他账号也会受到处罚。

第三，完善信息。

在注册之后的第二天，你要完善头像、昵称、地区、年龄以及个性签名等信息，信息一定要尽可能全面，能认证的都尽量完成认证，一般认为，认证今日头条能提高账号的整体权重。在此之后，就可以继续刷系统推荐的视频，这时不仅可以点赞，也可以进行评论，不过要注意：每10～20个作品中点一个赞，总评论数量控制在5个以内，切记不要频繁地点赞和评论，这些行为都可能被判定为非正常用户，等到你刷完系统推荐之后，可以观看一会儿直播。需要注意的是，在你的粉丝数量上涨到1万之前，不要试图在账号内留任何联系方式，如果你有微博、抖音火山版等其他账号也尽量绑定。

第四，兴趣标签。

进入第三天，如果系统没有为你推荐你准备做的垂直领域时，那就可以主动搜索相关的关键词，比如你想做教育类的就搜索"学习""教育""培训"等关键词。在此期间，如果平台向你推送和教育无关的视频，那就要马上划过，让系统判定你对这类视频不感兴趣，而对于自己要做的垂直领域可以点赞评论，这时你在抖音的在线时间还要保持至少2个小时，让系统判定你是有价值的用户。

第五，测试账号。

一般认为，养号的周期是3～7天，具体选择哪个时间节点要看用户本人，如果时间充裕那就养号一周，如果想要尽快发布作品，3天也勉强可以，总之自己定夺。不过，在准备发布作品之前要先进行一下测试，确定账号是否被养好，具体判断的方法如下：

如果系统推荐的视频中有60%以上是自己要做的垂直领域，那就说明你的账号已经被标签化了，这时候就可以尝试发布作品，不过不要一次性发布太多，每天最好只发1个，连续发不超过5个作品，如果每个作品的播放量都能超过200，那就说明养号成功了。需要注意的是，新号发布的前5个视频通常都是人工审核，所以一定要注意不要触碰红线，也不要做搬运视频，否则会降低平台对你的"好感度"。

第六，保持黏性。

如果测试自己的账号没有被限流，那么就要继续保持和平台的黏着关系，让系统判定你是高价值用户。每天都要稳定登录，至少要维持一周左右的时间，登录后要刷首页推荐的视频和同城推荐的视频，每个类别的视频最好观看半个小时，然后浏览其他视频并点赞和评论，注意不必每条都进行互动，每天保持在5～10条左右即可，此外还可以多看看抖音的热搜榜单和官方挑战，关注自己要做的垂直领域的同类账号，让系统更准确地为你打上标签。

第七，持续发布。

在新号运营的最初阶段，系统非常看重视频的完播率，所以刚开始发布的作品尽量控制在15秒之内，因为越短越容易被用户看完，只有当你的粉丝数量涨起来之后才适合发更长的作品。在这个阶段作品的发布数量是每天2~4个最佳，这样上热门的概率比较大。当然如果你觉得无法完成这个数量，发1~2个也不是不可以，毕竟质量永远是第一位的，滥竽充数只会让账号含金量下降。

第八，信息勿改。

个人信息一旦填写完毕，如无必要就不要修改，因为频繁修改会降低账号权重，如果账号被重置了3次以上，某种程度上这个号就废掉了，只能重开。如果重新养号，就要按照上述的操作再来一轮，而在养号期间不要发布任何作品。

账号注册的时间越长，权重就越高，所以我们要珍惜自己养大的账号，不能因为一次失误的操作导致权重被降低。通常来说，新注册的账号需要养号，而一些注册时间久的账号同样需要养号，毕竟有些老账号会出现长时间不登录的情况，这样系统会对其降权；另外被平台提醒过、警告过的账号也需要养号，但是最稳妥的办法还是新开一个账号，毕竟从头开始比修正负面印象更容易一些。

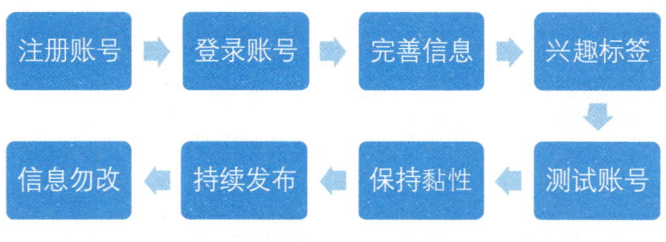

图3-1

养号的核心就是让系统知道你是一个活生生的人，而非机器人，让系统看到你对抖音的喜爱，让系统发现你的兴趣标签并尽快标注，这样才能通过养号为自己加分，把平台变成舒适的娱乐工具和高效的变现渠道。

看准你的表：发布时间和更新间隔

如今，抖音上的短视频赛道竞争越来越激烈，每个新人都想在最短的时间内脱颖而出，这不仅取决于视频质量，也与一些运营细节有关，其中一个不可忽视的环节就是视频的发布时间。新人一定要知道，不同时间段发布作品获得的流量是不一样的，下面我们就来盘点一下哪些时间段发布作品最合适。

第一，早上七点至九点。

这个时间段人们刚刚睡醒，有些人习惯在床上刷几分钟的抖音然后再起床，当然时间不充裕的人会马上起床、洗漱、吃饭，然后在上班等车、坐车的时间刷。还有一点是比较有利的，那就是很多大V通常不会在这个时间段发布作品，可以相对轻松地获得更多的流量。

第二，中午十二点至一点。

这个时间段被称为"午高峰"，是用户白天活跃的最高峰，因为是绝大多数人的午休时间，这时候刚吃完午饭不需要工作，很多人就会拿起手机刷抖音。

第三，下午四点至六点。

这个时间段是人们下班的时间，在下班的路途中，等车、坐车时有大量的闲暇时间可以刷，对应的是早高峰时段。很多人在到家之后，甚至会一边吃饭一边刷，因此在这个时间区间内的在线人数很多。

第四，晚上九点至十一点。

这个时间段被称为晚高峰，大多数人这时候都忙完工作开始休闲娱乐了，因此是抖音一天中流量最高的时间，属于高峰中的高峰，一定不要错过。

第五，双休日。

双休日虽然人们会选择出行游玩，但是也有很多闲暇时间会用来刷抖音，而且还有一部分人会选择宅在家中，拥有比平时更多的在线时间。

总的来说，晚上人们在线的时间会更长，也更加集中，但是对于新号来说，尽量不要选择在晚上发布作品，而是应该在早上和中午之前发布作品。这是因为新号都有一个过渡阶段，平台会着重对新号发布的视频进行审核，这就需要一个审核时间，因此如果晚上发布，那么等到审核完毕再推送给用户的话，就到了睡觉时间，因此我们要打好提前量。

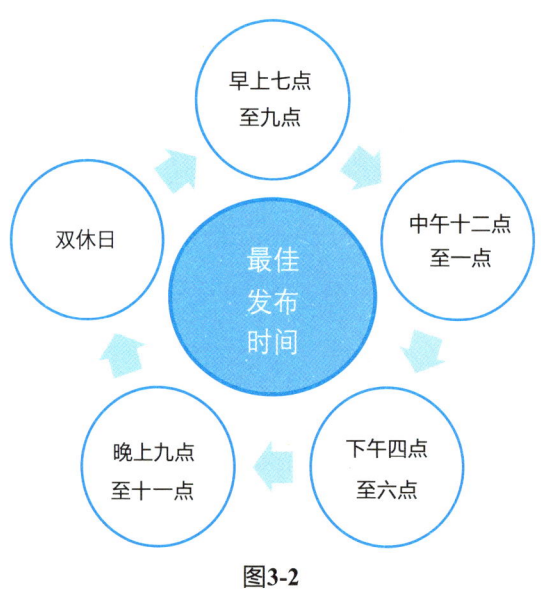

图3-2

在了解了公认的黄金时段之后，下面我们就要学会判断自己的账号什么时间流量最大。之所以要进行这一步，是因为所谓的黄金时间只是相对而言的，但不是绝对万能的。因为不同的用户作息规律并不同，有的人可能早上十点才起床，所以就没有早高峰这种黄金时段，而有的人晚上会拼命工作，自然不可能拿出大段时间刷抖音。这就需要了解自己作品的垂直群体，他们可能因为要上夜班导致白天时间更多，也可能从事服务行业到了节假日反而比平时更忙，所以我们要学会自己摸索和实践，找到适合自己作品发布的时间。

当然，探索和实践是带有试验性质的，你需要在一天中的不同时段分别上传作品，这操作起来比较麻烦，但这属于进阶技巧，是能够精准锁定最佳发布时间的办法，具体操作内容如下：

按照上述的黄金时段上传3个作品（太多的话会被平台判定为营销号，所以建议选择早中晚三个时段），这3个作品是一样的，第一个是你的原作品。当你上传完第一个作品之后，会收到声音提示，如点赞、评论等互动消息，这样你就会知道第一个时间段能收到多少互动信息。以此类推，后面两个作品你也能判断出相对应的时段会产生多少互动内容，最后就能大致推算出属于自己的最佳上传时间。

同时也可以参考同类型的大V，看看他们发布作品的时间，也能帮助你少走弯路，毕竟彼此垂直的用户群体应该大致相近。除此之外，也可以根据视频主题进行判断：比如情感类的视频通常没有大白天发布的，基本上都是在晚上九点至十一点；而励志类的视频则相反，都是在早高峰和午高峰的时间段发布；同样穿搭类的视频也是在白天发布居多，毕竟到了晚上大多数人不太会关心出门的问题。

除了了解发布时间，发布时的一些操作细节也需要注意。

第一，位置信息。

发布作品时添加定位可以增加推荐的准确性，比如你做的是探店视频，那么本地用户才是你的垂直用户；但如果你是做美食烹饪视频的，那就无所谓本地和外地。当然，如果你准备为线下店铺进行引流，也是需要添加位置信息的，这些都是为日后的变现做准备。

第二，发布频率。

一般来说，每天发布2～3条视频是比较合适的，数量过多可能会被列入垃圾账号，当然如果粉丝反馈看得不过瘾，你也可以根据垂直用户的现实需求增加发布数量，总之就是不能教条地遵守某些规律，要根据自己的账号类型具体问题具体分析。

第三，@功能。

发布视频的时候有一个隐藏技巧，那就是"@功能"，比如你想让谁看到你的视频就@那个人，让你关注的人和关注你的人第一时间看到发布的作品，从而增加视频播放量。另外，你也可以@抖音小助手，它能帮助用户尤其是新人用户上热门，当然前提是你的作品质量足够高或者和当下热点匹配度较高，并不是随便@一下都能帮你增加热度。需要注意的是，抖音小助手要事先关注再@，否则就是无效的。另外，如果你和一些抖音大V关系比较好或者视频内容和对方有关，也可以@对方的账号，这样就能增加更多的曝光度，当然前提是不会引起对方反感。

第四，提高完播率。

完播率是非常重要的数据，所以在发布视频时，可以在开头或者封面中写上"一定要看完""最后三秒有惊喜"等信息，引导用户坚持观看到最后。

第五，偶尔错开黄金时间。

对于很多大V来说，他们并不太关注发布作品的黄金时段，因为他们的内容足够优秀，会自己设定一个固定时间，让粉丝在这个时间段专门过来观看，这种看似"霸道"的行为其实能够培养粉丝的忠诚度。当然新手就不要考虑使用这种策略了，新手应该关注的是当天有没有发生什么热点事件，如果发生了且能够贴上热点，那就临时制作一条视频上传，就能通过搭上热点的方式吸引更多的粉丝。

在了解了抖音上传作品的最佳时间之后，发布作品才有机会获得更多的流量，垂直到更多的目标人群，获得更为可观的互动数据，而这就是我们迈向成功的开始。

账号权重是什么

抖音养号离不开一个关键词——账号权重。要想弄清这个概念，我们先要解释一下"权重"这个词。

就抖音这类短视频平台来说，"权重"是在平台的内在数值，它直接影响一条视频作品的曝光度，权重越高推荐的力度就越大，权重越低推荐的力度就越小。一般来说，权重分为基础权重、账号权重和作品权重等细化类别。

基础权重，是指用户注册是否是一机一号一卡，昵称、一句话简介等信息是否完整，年龄、性别、地域等信息是否真实，以及是否是蓝V号（机构认证），是否完成了实名认证，它是用户留给平台最初始的印象。

账号权重，指的是是否给账户刷过数据、是否买过粉丝、是否给其他账号点赞、评论过，是否跟主播在直播间里互动过，以及每天登录账号的时间等。

作品权重，是指有关视频本身的一系列数据情况，如完播率、点赞数、评论数、制作质量、是否真人出镜、配乐、脚本、剪辑等，它决定了一条视频在平台眼中是否优秀。

在上述三种权重中，账号权重对运营效果至关重要，毕竟一条作品的权重太低你可以删除它，但如果一个账号权重过低，即便上传了高质量的作品，也可能会被平台限流。

那么，我们如何了解自己的账号权重呢？其实查询账号权重的方法有很多，我们简单介绍其中一种。

先打开微信，点击下方的"发现"，在发现界面打开下方的"小程序"，点击上面的搜索图标，在搜索栏搜索"抖大大"，进入抖大大界面然后输入抖音昵称或者抖音号，再进行搜索，然后点击账号头像，此时就可以看到该账号的权重等级了。

在学会如何查询账号权重之后，就要了解账号权重的分类，由此判断自己被分在了哪个等级。

第一，待上热门账号（权重最高）。

这是新人最理想的账号权重了，想要达到这个等级，新作品的平均自然播放量要超过1万，是具备了成为爆款品质的账号，平台自然愿意为你引流。

第二，待推荐账号（权重较高）。

如果你的账号连续一个星期都在发布作品而且每条视频的平

均自然播放量为1000～3000，那就意味着如果你能继续提高视频质量，强化和粉丝的互动，就可能升级为待上热门账号。

第三，正常账号（权重正常）。

当一个账号能够连续一个星期发布作品且平均自然播放量为300～1000时，就会被系统判定为正常账号，你要做的是继续明确账号定位，提高作品的反馈程度并保持养号习惯。

第四，低权重账号（权重较低）。

账号能连续一个星期发布作品且平均自然播放量在100～300，这说明平台并没有很好地帮你引流，你要做的就是加强作品的质量，尤其是提高原创程度，不要总是跟风模仿其他视频。

第五，僵尸账号（没有权重）。

虽然这类账号能保持连续一个星期发布作品，但是平均自然播放量显著低于100，这说明平台大概率对你进行了限流，某种程度上属于废号，最理智的做法就是重开新号。

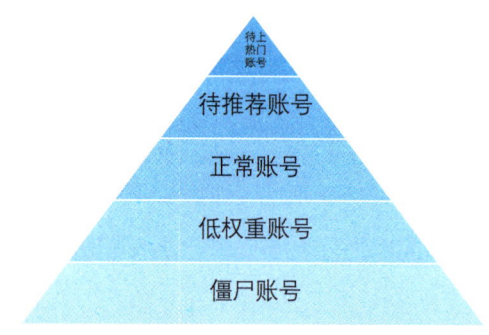

图3-3

了解了账号权重分类后，作为新人的你当然是希望自己成为最高等级的，这就需要了解影响账号权重的五大因素。

第一，粉丝数量。

粉丝数量是最直观地反映一个账号质量优劣的数据，而粉丝的增长速度也能预测一个账号被打造成爆款的潜力，这说明你已经得到了目标用户的认可。

第二，点赞数和转发率。

通常来说，一条制作优秀的短视频，其点赞数和转发率都非常高，这说明人们肯定你的付出并愿意给予你回报，当然也能从侧面证明，你的账号权重相对较高。

第三，评论数。

短视频的评论数量越多，说明它的内容越好，有着很强的话题性，能够激发用户发表言论的欲望。抖音作为一个短视频社交平台，对视频的话题性是非常看重的，所以在制作视频的时候一定要有意识地营造话题，引导用户各抒己见。

第四，完播率。

完播率也是衡量一条视频作品的重要指标，所以创作者必须让视频在前3秒就吸引用户，同时要借助文案引导用户观看完毕，这样才能提高完播率，受到平台的重视。

第五，活跃程度。

活跃程度是指账号用户的在线时长以及创作者发布作品的频

率，这也是养号的重要环节，所以我们在闲暇时间一定要多在平台逗留，加强我们和抖音的黏性。

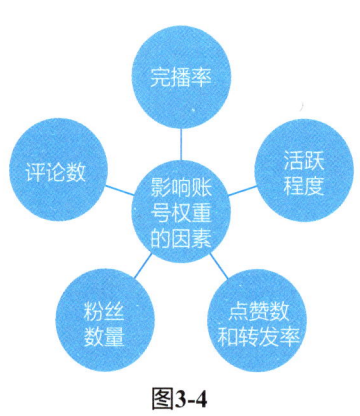

图3-4

在明白了账号权重的重要性之后，我们就要确保不触碰红线，避免因错误操作导致平台对我们降权。

第一，大量删除作品。

删除作品是很多平台的大忌，平台会判定你发布了违规的内容或者有另换平台的准备，所以尽量不要删除发布的作品，如必须要删也最好减少删除的数量。

第二，超过72小时不更新。

就像网文更新速度慢会被读者弃追一样，一个更新速度缓慢的账号也会引起粉丝的不满，同时也说明内容创作者的持续性不足，所以要在闲暇时多拍摄制作几条视频作为备用，忙碌时就上传存稿视频，避免"断更"。

第三，频繁发布低质量、缺乏垂直度甚至违规的作品。

这是平台的重要红线，很可能会被判定为营销号，所以一定要牢记抖音的各项禁忌，避免一失足成千古恨。

第四，在直播间快进快出或者发表带有攻击性、诱导性的言论。

有些内容创作者会去热门的直播间引流，通过发表求关注、互粉等言论寻找目标用户，但这种做法是被平台反感的行为，会判定你是营销号。

第五，具有明显的倒入"外站"的行为。

引流是一个技术活，在还没有成为大V之前，不要急于发布联系方式，吸引粉丝进入"外站"，而是要沉住气，集中精力提高视频质量。

虽然通过查询软件，可以查到抖音的权重分数，但这个分数更多的是一个参考数值，因为抖音对权重的理解更像是社交生活中对他人的评价：印象很好、印象一般、印象较差。所以，最合理的权重划分还是上述提到的各种互动数据，它们才是代表创作者是否有机会成为大V、能否打造爆款视频的关键。当然，提高权重需要耐心，不能急于求成，要结合养号方法逐步提高平台对我们的印象分，这样才能打开从新人通往头部的大门。

粉丝的互动与培养

粉丝量是判断一个账号是否优质的直观数据，对于每一个进入抖音的用户来说，最开心的事情莫过于粉丝量的增长了，但是如何吸粉、涨粉是一门学问，只有懂得与粉丝的互动技巧，才能培养出属于自己的粉丝"天团"。

在讲述如何养粉的方法之前，我们首先要学会区分粉丝的种类。没错，粉丝和账号一样，存在着低质量和高质量的差别，所以单纯地看粉丝数并不能证明一个账号的发展潜力。

第一，优质粉丝。

这种粉丝是有着优质账号的，也就是说他们本身也是内容创作者且拥有一定数量的粉丝，甚至可能自带独立IP，他们会保持经常性的更新，一旦你的账号拥有这样的粉丝，就可以实现几何式的粉丝裂变，让粉丝的粉丝变成你的粉丝。当然，想要吸纳这种优质的粉丝，是需要依靠优质内容和高明运营的。

第二，活跃粉丝。

这类粉丝是抖音的重度用户，他们可能没有优质的内容产出，却拥有较长的在线时间，也在各个短视频博主或者直播间中表现活跃，会积极地点赞和评论，也是内容创作者喜欢的粉丝类型。

第三，低质量粉丝。

这类粉丝大多是脚本操控的，也可以理解为僵尸粉，他们往往共用一个IP，单从账号资料上就能看出不像是"活人"在经营，通常都是带有营销目的的，这类粉丝是最没有经营和变现价值的。

在介绍完粉丝的分类之后，相信你一定在摩拳擦掌，准备学习涨粉的技能了，下面我们就来分享相关的知识。

第一，互粉和评论。

当你还是一个抖音新人的时候，粉丝数量通常少得可怜，基本上是在两位数之内，这时要想快速获得粉丝，就可以通过互粉以及评论他人抖音的方式来获得。互粉本质上就是互帮互助，我粉了你，作为回报你也粉一下我，有一种抱团取暖的意思。评论时要选择一些热门视频，尽量发表一些能吸引眼球的言论获得高赞，这样就能吸引更多的人回复你的评论，进而对你产生好奇，最后关注你的账号。

第二，搭上热度。

在拍摄和制作视频的时候，可以结合最近几天的时事热点融入自己的视频中，不用担心类型不符，你可以只当成一个话题在开场白简述两句即可，这就是合理的搭上热度。可以借着公共流量吸引不少路人粉，切记不要为了热度而毫无下限，比如一个美食博主非要搭上娱乐圈的热度导致视频主题完全偏离，这样不但难获得高质量的粉丝，还会起到反作用。所以，找对切入点，控制搭上热度的范围，才是最聪明的做法。

需要注意的是，如果账号定位不够清晰或者处于转型阶段，那么可以搭上的热点就比较多（当然不推荐这种模糊定位的账号），但要保持正确的三观。如果定位已经很垂直，只是粉丝太少，那就可以根据自身定位寻找合适的热点。另外，搭上热度这种事很难一两次就能飞速涨粉，所以需要不断坚持，留给自己多一点时间，切忌急于求成。

第三，参加官方活动。

抖音总会不定期地发起一些挑战活动，这些活动就在抖音个人主页的右上角，只要你点开三道杠的菜单，进去之后找到"创作者服务中心"，然后在底部的运营活动中就能发现相关内容。参加挑战要根据自己的垂直领域来选择，尽量不要跨界，否则会模糊账号标签。因为挑战活动都是官方发起的，所以自带流量，也能趁热度吸纳一部分新粉丝。

第四，直播间引流。

通常直播间的流量是巨大的，如果在比较火爆的直播间偶尔刷一刷礼物和评论，也能吸引一些路人的眼球，不过需要注意两个问题：一是不要去太过热门的直播间，因为那里评论刷新很快，很容易被别人的消息覆盖掉；二是不宜频繁发评论，因为有可能会被平台判定为营销号。总的来说，你要做的就是有尺度地刷评论并且尽量说一些吸引主播回复的话，比如高质量的提问、制造话题等。至于刷礼物这件事，不要盲目砸钱，而是要量力而行，在稍微投入一点之后要实时观察，发现实际效果较差就要果断停止，寻找新的方法。

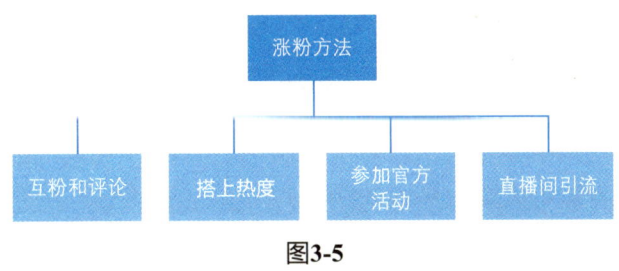

图3-5

获得千万和百万粉丝，是很多短视频博主梦寐以求的目标，但这是一个比较漫长的积累过程，吸引粉丝正如社交生活中吸引他人成为你的朋友一样，首先要确保自己足够优秀，然后保持应有的礼貌和规矩，才能在日积月累的接触中让对方发现你的优势。

强强联合：视频赋能有奇效

雷军曾说："一个人可能走得快，一群人才能走得远。"

在抖音上，孤军奋战是需要勇气和毅力的，即便你的账号背后有一个团队，但是对账号本身来说，也是孤独的，它所能产生的影响力也仅限于账号本身。那么，如果我们抱着合作的心态借助外部力量来提高自身的影响力呢？

这个方法就是和抖音上的大号进行强强联合，当然这里所说的"强强"未必是实力真的对等，可以是相差一个量级但不能差得太远。如果你是粉丝不超过三位数的新号，那么想要找大号合作就十分困难了。

一般来说，抖音的大号很多都是网红号，和普通账号相比，他们粉丝众多，内容制作精良，在垂直领域的影响力很大，所以要本着互惠互利的原则与对方联动，并非单纯借助对方的影响力去增加自己的流量，否则很难被对方接受，下面我们就来盘点一下五种合作方式。

第一，账号互推。

这是抖音上最常见的合作方式，安全系数最高，因为抖音平台对于账号合作是比较谨慎的，这其中可能会存在过度商业化的问题，但是账号互推是被平台接受的，因为平台从未规定过不能@某个账号，所以这是一种低成本的合作方式。只要在你的视频文案中@合作账号，就能获得与对方差不多对等的曝光度，同理对方也会获得你的流量的加持。

需要注意的是，如果合作双方跨界跨得太多，那么在视频内容上还是要斟酌一下，比如垂直萌宠的博主和垂直考研的博主，内在关联不大，那就要在联动角度上找准切入点，比如从"宠物学校"开始切入或者抛出"考研期间如何避免被宠物打扰"之类的问题，切入的角度越好，两个账号的粉丝才能产生流动性，否则就变成了生硬的合作，很难真正获得对方的流量。

第二，点赞互推。

这种合作方式是比较文雅的，相当于彼此互相欣赏，然后让双方的粉丝都能知道，既表达了对彼此视频内容的认可，也能引起对方粉丝的好奇心，以礼貌社交的方式提高曝光度。

第三，视频互推。

这是诸多合作模式中最值得推荐的一种，因为很多账号提高曝光度都是通过发布视频来完成的，粉丝最关注的还是视频本身而非两个博主之间的关系、认可度。至于互推的方式，一般有三种。

1.真人出镜

一个博主出现在另一个博主的视频中，这是最理想的互推模式，可以最大限度地激发双方粉丝的兴奋度和好奇心，当然这种合作受到地理空间的限制，如果双方距离太远或者出行不便，就无法采用这种模式。

2.隔空对话

这是最经济也是最常见的互推方式，即博主A在自己的视频中提问，然后切换到博主B的镜头进行回答，产生一种"隔空对话"的效果，它不受地理空间的限制，制作简单，也充满了喜感，是最值得一试的模式。

3.文字和口播

这是一种对方不需要出镜的方式，即博主只通过口播或者标题、评论区的文字来推荐对方，从表达效果上看不如上述两种，但比较适合刚刚接触、没有建立深度合作关系的博主，虽然吸引对方粉丝的效果有限，但也能多少互惠一下。

第四，信息互推。

这是一种简单粗暴的合作模式，一是博主直接在大号的个人信息中填写对方的信息，二是在个人信息栏中提到对方的昵称，相比之下后者是比较常见的方法。这样一来，粉丝通过博主的个人主页就能看到另一位博主，效果非常直观。但是这种推荐不能直接填写对方的手机号、微信号等联系方式，这是平台明令禁止的。

第五，抢镜互推。

这是抖音平台的独特玩法，就是在屏幕中分屏出两位博主，通过加入特效制造一种热闹有趣的联动效果，非常适合粉丝群体比较年轻的博主，因为在他们看来这是一种很潮的玩法，话题性也不错。

上述五种方法不仅可以单一使用，也可以混搭使用，具体哪种方法更好还要结合自身的实际情况以及合作方的意愿，但是不要盲目迷信互推的效果，因为它只是把对方的粉丝介绍到你这边来，能否留住粉丝还需要依靠优质内容。

虽然互推的营销价值较高，但对于很多刚起步的新人来说，想要凭借一个小号和大号合作属实有些困难。当然这并不意味着完全不可能，比如你愿意通过付费或者提供其他回报的方式来征得对方同意，具体方法可以参考以下四种。

第一，凭借视频本身。

如果你的视频质量过硬只是粉丝数不可观，那可以在垂直领域寻找具有潜在合作意向的大号，比如你是一个教授手工作画的账号，可以找一个情感类的大V，将其输出的信息以手绘漫画的形式播放，这样就能带给对方粉丝焕然一新的感觉。而你只要专业能力过硬，即使体量和对方差异较大，也不是没可能合作。

第二，凭借自身资源。

当你拥有稳定的资金链、推广渠道等优势时，也可以寻找大号合作，毕竟每个短视频博主都希望变现，而资源的价值是巨大的，这就是你们合作的基础。

第三，寻找合作社群。

如果你既没有技能又缺少资源，那也不妨在网上（比如QQ或者知识星球）搜索一些短视频合作社群，里面都是一些愿意互帮互助的博主，不过很难遇到大号，多数还是"难兄难弟"，但也聊胜于无，说不定你就能和某个博主找到内容合作的结合点甚至组建一支团队。

第四，发布共创作品。

在抖音上传视频的选项中，进入投稿页面，里面有一个"共同创作"的功能，可以在里面添加共创人，这样你们就可以共同创作一条视频进而实现同步涨粉，当然用这种方法很难吸引大号博主，不过可以是朋友或者同等级的博主加入，它的互推作用是有限的，但是在玩法上比较有新意，能够带给粉丝新鲜感，对于人脉和资源都有限的新人来说也可以尝试一下。

　　站在巨人的肩膀上起飞是很多人不愿说出的想法，毕竟成功的道路非常崎岖，能够借助贵人的力量让自己直达终点才是最好的，我们可以尝试走这条路，却不能形成路径依赖，毕竟只有自身具备价值，才能让对方有合作的意愿。

B 计划：多平台布局战略

别把鸡蛋放在同一个篮子里，这句话也同样适合短视频。

如今想要进入短视频这条赛道的人越来越多，这就意味着新人会遇到很多同类型的竞争者。而新人想要获得更多的播放量，在多个平台同时发布作品是一个很不错的选择。

第一，处理好主平台和副平台的协同关系。

首先要明确的是，所谓的多平台运营并非广泛撒网、毫无重点，而是以抖音作为主要平台，在此持续深耕，而其他平台是帮助增加曝光量和进行引流的。需要注意的是，一条视频如果在多个平台发布，就会降低内容的原创性，所以最稳妥的办法是对视频进行一下剪辑再发布，让同一条视频拥有不同的版本。当然，这种方法适合全职做视频或者团队运营的人，精力充沛才有时间根据不同平台做不同的内容适配。如果你是个人运营，对短视频的门道还不够了解，那么就尽量选择抖音作为主平台，此外再选择2～3个平台作为副平台，不要将摊子铺得过大。

第二，区分主平台和副平台的发布顺序。

将抖音设定为主平台之后，拍摄制作完短视频，一定要首发在抖音，其他平台稍后有时间再上传，否则如果抖音晚于其他平台更新，用户会认定你在抖音的账号并非主账号。

第三，做好副平台对主平台的引流工作。

副平台的重要作用是引流用户，如今很多短视频用户都不止刷一个平台，可能同时安装了抖音、快手以及其他短视频App，这样我们在运营副平台的时候，就可以在视频或者间接中加入自己的联系方式，比如短视频平台的账号、微信等，需要注意不能违规。

第四，做好各平台的维权工作。

现实存在一种情况：你把A平台当作主平台发布作品，而有人将你的视频搬运或者盗取到了B平台，结果B平台的用户更加垂直，反而获得了更好看的数据。这种案例并不少见，所以为了确保自身利益，也为了寻找更适合自己的平台，多平台布局就显得很有必要，一旦发现副平台的数据表现超过了主平台，那就可以改变运营重点，甚至可以考虑独家发布了。

第五，跨界长视频平台。

诸如西瓜视频、哔哩哔哩这些平台都是以长视频为主，但并不意味着短视频完全没有生存空间，所以在多平台布局的时候也可以考虑入驻这些跨界平台（为了防止有人盗用你的视频）。跨界平台的盗用不容易被发现，比如哔哩哔哩上就有做悬案讲解的视频被剪辑后上传到短视频平台的，原作者一时间很难发现，同理，长视频平台也有盗用热门短视频的，这是一项不能被忽视的运营工作。

第六，多平台的选择。

在前面我们盘点了各大短视频平台的特点，它们各有所长，不必想着全网通吃，而是在其中选择和视频内容更垂直的平台。当然有时候是否垂直并不容易判断，在前期可以选择4～6个副平台，经过半个月左右的时间进行筛选，把数据最好看的留下来作为长期经营的副平台，总数还是要控制在2～3个。

第七，发布工具选择。

如今市面上有很多一键发布、一键上传的短视频发布工具，有免费的也有收费的，有些软件的集成功能很多，增加了粉丝管理、客户资源挖掘、短视频数据分析等实用功能，至于选择哪个软件根据自己的预算和实践情况来定，这里不做直接推荐。

需要注意的是，一条视频在同一个平台内不能发布在多个账号上，所以不要幻想采用这种方法提高单一平台内的曝光量，否则可能会被系统识别为营销号。

短视频是一个当下竞争激烈的赛道，激烈的竞争会让更多人产出成绩，但短视频平台也面临着网红保质期太短、账号运营难度增加等问题，所以想走自媒体变现的道路，就需要通过多平台布局打造自己的账号矩阵，挖掘更多的创作潜力，获得更优质的变现渠道。

进阶篇：优质内容是如何产出的

第四章

人设：你凭什么被人关注

　　抖音是一个巨大的流量池，很多新人或者新手团队都渴望在这里挖掘到真金白银，于是就不乏一些简单粗暴的"速成"打法：找网红拍跟风作品，或者玩特效、玩花活提高话题感，然而这些方法实战效果未必突出，反而会极大地拉高预算，得不偿失。

　　那么，最稳妥的办法是什么呢？那就是打造人设。

　　没错，很多人在刷短视频的时候，不仅想要获得有价值的信息和情绪价值，更希望看到一个有血有肉的人，或者演绎着属于他们的故事，或者用独特的方式传递某种信息，这就是人设的魅力。

　　如果你准备单人出镜，就有必要了解一下单人设的打造方法。在研究方法之前，我们先要了解一下什么是人设。

　　人物设定的简称就是人设，它在影视作品、游戏综艺等多个场景中被广泛应用，具体在短视频平台，就是一个博主给用户的第一印象。一般来说，除了三观不正这些底线问题之外，人设并没有明显的好坏之分，一个喜欢唠叨的博主在某些用户眼中是苦口婆心、保姆级教学，但在另一些用户眼中就是拖沓、"水"时长，因此人设的好坏并不由人设本身决定，而是由目标用户和视频类型决定。

由腾讯企鹅智酷发布的《快手&抖音用户研究报告》中指出，用户刷"关注"页的比例很高，用户黏性相对较低，这其实从侧面说明一个问题：很多短视频博主没有经营好人设，导致他们的内容产出带有不确定性，某一期干货满满或者笑点多多就能获得好看数据，而某一期没有蹭上热点或者流量太少就无人问津，这就是没有树立人设的直接后果。

其实，当你翻开自己关注的博主页面时，会发现黏性越高的账号往往越是有着鲜明特色的人设，他们很像是你身边活灵活现的一位老朋友，具有一定的人格魅力，能够让你在观看他们视频的同时感受到一种"连接"。从这个角度出发，我们会发现树立好人设就能从用户那里获得更多的信任感，进而实现流量转化。

下面逐步分析如何在抖音平台上打造一个特征突出、魅力独特的人设。

第一，展示兴趣爱好。

我们和一个陌生人初次接触时，往往都会在闲聊中问及对方有何种爱好，这是一个了解对方性格特征、生活情趣和社交圈子的重要切入点，如果双方拥有共同爱好，就会大幅度拉近彼此的距离。所以，我们要在昵称和简介中加入有关兴趣爱好的描述，比如运动达人、痴迷绘画、重度游戏玩家等，兴趣尽量广泛一点，这样和粉丝兴趣重合的概率就会增大，当然也不能贪婪写太多，一旦穿帮了就会造成人设崩塌。需要注意的是，一定要有一个专精的兴趣领域，也就是把爱好变成特长，最好和垂直领域相重合。

第二，加深印象。

人与人的交往，印象分非常重要，印象分通常包含两个方面，一个是好感度，另一个就是记忆点。好感度是"看着顺眼""聊着投机"决定的，存在大量的不可控因素，所以我们可以暂时忽略，但是记忆点则不同，它可以被有意地制造出来，比如在视频中习惯做某个动作或者习惯使用某个口头禅，再或者穿着打扮十分有特点，比如在冬天穿短袖或者喜欢穿怀旧款的衣服，只要是能让粉丝加强记忆的外在特点都可以，这些就是你和同类型账号竞争的差异化优势。

第三，三观正确。

任何一个短视频平台都提倡发布三观正的视频内容，自然作为博主也要表现出正确的三观，这不仅是不触碰平台的底线，也是树立人设的关键，一个传递不健康价值观念的博主无法得到粉丝的喜欢和支持。

第四，情绪价值。

即便你是一个讲干货的博主，也需要在视频中为粉丝的情绪波动制造一个"冲突点"，以此来增强视频的话题性，引导粉丝留言讨论。当然这个话题不能违背社会主流观点，它的存在只是为了让粉丝的情绪产生变化。比如你是做考研培训的干货视频，可以在某一条视频中加入"为什么你迟迟不能上岸？因为你习惯被水包围了！"然后犀利地指出一些人三战、四战考研仍然不放弃，其实是排斥考研失败后要做出的新选择，这样一来，就能戳中某些粉丝的心结和软肋，话题感就能直线上升，粉丝也不会降低对你的好感度。

第五，展示生活。

什么样的人有真实感？能够经常和身边人互动并且对外展示自己生活环境的人。比如很多博主虽然不是垂直美食领域，但可能会在某条视频中表示自己做视频很辛苦慰劳自己一下，然后就现场展示了厨房和准备吃的食物，这样就从屏幕前走到了生活中，十分接地气，能够让我们了解一位博主在出镜之外的状态。如果能和身边的亲人或者朋友简单互动一下，更能注入浓郁的生活气息，让人设更加饱满可信。

第六，长期经营。

回想身边熟识的那些朋友，他们之所以能够在我们的生活中留下痕迹，是因为他们和我们保持着足够密切、频繁的社交行为，毕竟一个多年不联系的旧友必然被淡化。对于短视频博主来说也是如此，我们只有保持有规律的更新，不断产出新内容且时不时地和社会热点相关联，才能长久地出现在粉丝的视野中，从而强化人设。当然，这需要有一个前提，那就是对账号的定位清晰，垂直领域明确，否则出了两条视频之后就会迷失方向。

第七，满足需求。

人设清晰并非唯一的指标，它也要和垂直的领域正相关，比如一个爱说爱笑的人设做美食、娱乐、旅游都没什么问题，但做知识科普就容易显得违和，这就会导致人设与粉丝不够匹配，很难获得粉丝的认可。相反，一个做情感类视频的博主人设是温柔可亲的暖男，那就能和粉丝的需求高度匹配。所以，在树立人设之前，要先换位思考一下，如果你是粉丝能否接受这样的人设。

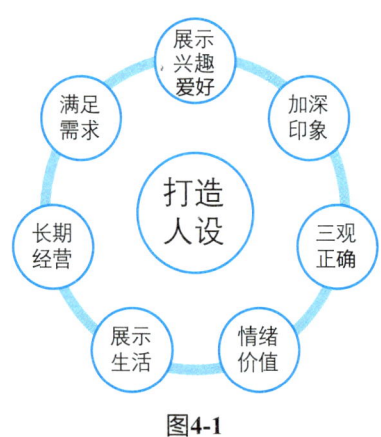

图4-1

纵观那些爆火的网红，都有清晰的人设，他们通过鲜活清晰的形象成功吸引到了精准的粉丝群体，收获了可观的流量，也让自己成了"行走的广告位"。但是不要眼馋别人因为打造人设而吃到的红利，因为人设不是一天就能打造起来的，需要精心的设计和长期的铺垫，只有拿出经营人生的态度去经营账号中的人设，才能得到更多粉丝的关注与认可。

短视频矩阵怎么玩

群体的力量是巨大的，所以如今"矩阵"便成了很火爆的词汇。"矩阵"这个数学术语的原意是指一个按照长方阵列排列的复数或实数集合，而我们常见的产品矩阵、商业矩阵等概念指的是围绕某一核心概念构建的众多子系统。对于短视频行业来说，它从属于商业化的互联网行为，最终是为了流量和广告而服务的，所以子系统的存在就方便进行广告植入、创意制作以及效果优化等诸多环节的操作，对于个人账号尤其是企业账号来说有极高的营销价值，于是就有了短视频矩阵的高端玩法。

短视频矩阵，可以解释为短视频账号全方位的布局，通过不同的账号实现全方位的品牌展示。举个例子，如果你做的是美食类账号，为了细分垂直领域，就可以把采购食材、烹饪制作、美食品鉴等诸多环节细分在不同的账号上，形成一个完整的内容系统。

需要说明的是，短视频矩阵和多平台布局不是一个概念，前者是对大类别进行细分导致多账号的存在，而后者只是对相同内容的轻加工来适配不同的平台。当然，可能有人会觉得做短视频矩阵十分麻烦，但你要知道，这种矩阵玩法有以下诸多重要用途。

第一，拓宽变现渠道。

短视频最终是为了变现，但是单个账户的变现潜力是有限的，而多个账号就能增加变现的渠道，正如上面我们举的美食案例，采购食材就可以建立新鲜食材的购买渠道，烹饪制作可以建立厨房用具的购买渠道，这样就比你单做美食品鉴更有商业价值，因为你可以招揽到更多的广告主和品牌方。

第二，降低制作成本。

矩阵玩法可以产生"爆炸性"的效果，能够降低制作视频的成本。举个例子，你通过一条优质视频吸引1万粉丝，其难度远远超过通过4条视频吸引2万粉丝，因为在视频制作日臻成熟之后，制作4条视频的成本并不会太高，可以理解为批量化生产的平均成本要低于单一制作成本，即4条优质视频的平均成本小于1条优质视频的成本，既然如此，我们为何不通过多产出视频来获取更多的粉丝呢？毕竟想要打造一条爆款视频存在太多不可控的因素。

第三，增加粉丝数量。

矩阵是以主账户为核心来运营的，子账户可以增加粉丝的评论和转发等数量，提高主账户的知名度，而且子账户会垂直到更精准的用户。比如某些用户对美食品鉴不太感兴趣，却十分关注新鲜食材的采购渠道，那么做食材的子账户就能准确抓取到这部分粉丝，让他们增强和主账号的黏性，从而扩大主账号的发展空间。将用户沉淀在矩阵的私域流量池中，这样才能有效地避免粉丝流失。

第四，强化品牌形象。

矩阵可以全方位地展示某品牌的对外形象，比如分为探厂（展示生产车间）、探店（展示销售状况）、评测（展示产品本身）等几个板块，就能让粉丝清晰直观地了解一个品牌在全视角展示下表现的品牌魅力。而如果只是做产品评测，对于一部分粉丝来说就缺少了说服力和话题性，很难在品牌和用户之间建立较高的信任度，会影响用户的消费选择。另外，不同角度的反复信息输出也能增强用户黏性。

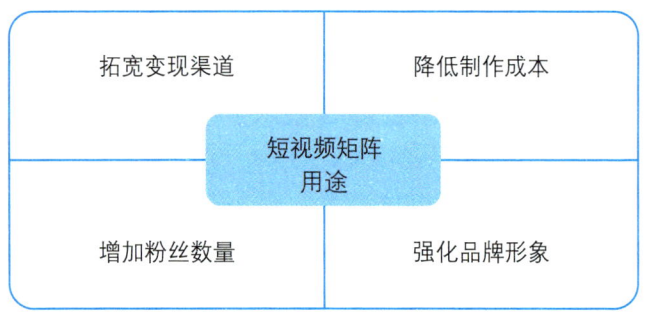

图4-2

下面，我们来介绍一下短视频矩阵的操作方法。

第一，独立的抖音号之间互相客串。

短视频矩阵是可以在同平台内设置几个独立账号的，但是这些账号发布的内容不能完全一样，而是要按照上面我们说的进行合理分工，这是为了让视频内容更加完整，形成内容矩阵。具体的互动方法是在标题区或者评论区互相@。

标题区可以看成是一块重要的营销区域，因为它能直观地输出某些信息展示给用户，最大程度地减少转化路径，能够吸引更多的流量。比如，烹饪制作账号要为粉丝展示制作过程，那就可以在标题或者评论区@采购食材的账号：新鲜的草鱼准备下锅了！@采购老王。这样一来，就把选购食材和烹饪制作两个垂直领域的账号和内容都展示出来了，聚合了两个子账号的粉丝过来关注。

第二，不同账号打造相同的画风。

为了让粉丝知道你的账号矩阵，除了文案上的宣传之外，还可以通过画面上的统一风格让各个子账号之间变成"兄弟姐妹"，比如相同的特效、BGM甚至背景幕布，这样会让粉丝有意识地联想："这怎么和另外一个账号很相似呢？"相同的画风方便后期统一制作，也能打造形象鲜明的IP，从而增强整个矩阵在平台上的影响力。而且，无论是主账号还是子账号的博主，都不用主动说明，因为粉丝在发现画风相同之后会在好奇心的驱使下主动搜索，这样就会让更多的子账户"暴露"出来，你的短视频矩阵就初步成型了。

第三，IP客串，联合制作。

共同创作是抖音的一个有趣功能，不仅可以和朋友、同行共同创作，也能在矩阵内部进行共同创作，这是最直接展示账号矩阵的方式。比如与子账号的出镜者共同出镜，带给粉丝新鲜感和惊喜感，也可以通过口头提及、隔空对话等特效方式进行互动，实现双倍、三倍的曝光率。当然，你也可以采用其他的方法，比如A账号博主出现在B账号博主经常探店的街道上，模仿B账号博主的语气和动作，这样就能引起粉丝的猜测和讨论，成为一种隐形的IP客串方法。

第四，跨平台引流。

只要涉及第三方平台的操作都需要小心，因为这可能会被系统判定为营销号，如果你的视频矩阵横跨多个平台，就不要急于通过简介或者签名来引流，而可以通过设置小号在评论区引流。

如今我们处在一个短视频营销的时代，而短视频矩阵就是重要的突破口，能够帮助内容创作者快速生成优质的短视频内容，提高主账号在各大短视频平台的搜索排名，无论是新人、新手团队还是企业账号都非常适用，能发挥降本增效的作用，拉近和头部账号的距离。

裂变，从一个热点开始

在互联网上，不论是什么平台，热点永远都是被用户热切关注的。对于内容创作者来说，不管你是新人还是头部，想要持续得到粉丝的追捧并吸引新粉，就要学会抓取热点。

首先要明确的是，热点尽量要和自身的账号定位相符合，至少是在合理的范围内，比如娱乐类型的账号可以蹭娱乐圈的热点，也可以蹭游戏圈的热点，还能蹭一些有趣的社会新闻的热点。如果是做中医保健的账号，直接蹭上述热点就是不合适的，但是如果你会寻找切入点也不是不可以，比如从娱乐圈明星作息不规律的角度切入讲述保健知识，这样也能顺利展开话题，当然有垂直领域的热点永远是最适合的。

其次要知道的是，蹭热点要善于抓住关键词，很多热点在流行之后可以总结为一句话，比如曾经热门的"我一勺三花淡奶"出自一位美食博主，引得无数网民竞相玩"梗"，那么我们可以把这句简短的、易于传播的话融入文案中，比如情感类的可以是"我一勺三花淡奶，忽悠了你的整个青春"，比如户外类的可以是"我一勺三花淡奶，送我走完八百里路"。这种数字较少的热点关键词，既不会影响粉丝的观看体验，还能轻易地加深印象。

再次我们要注意的是，热点都是具有时效性的，通常一个热点在爆发4~7天之后，基本上就没有多少人关注了，这时候再去蹭热点会显得你思维滞后，反而尴尬。所以最佳的时间就是在热点爆发的1~2天之内马上跟进。之所以留出1~2天的缓冲时间，一是让你了解整个热点的来龙去脉，避免断章取义；二是方便你进行盘点和再加工；三是核实热点的真伪避免被错误信息误导，毕竟现在反转的事件层出不穷。

最后要小心的是，面对存在争议的热点事件，一定要保持理性和客观，特别是某些敏感话题，作为博主不要急于站队发表意见。要避免先入为主，保守起见可以给出一个折中的评价等待事件继续发酵，确定没有反转之后可以再表达观点，一旦把话说早了或者把话说绝了，就可能影响粉丝对我们的好感度，破坏博主与用户之间的信任度。

在了解了抓取热点的注意事项以后，我们接下来要学习的就是如何抓取热点，对此要恪守一条原则：充分挖掘热点的最大价值并进行二次创新。简单说就是不要把热点仅仅当成是一个话题，而是要和自身的内容相结合，借助热点之力做出一条特征鲜明的创意热点视频，毕竟你关注的热点也被其他博主关注，只有别具一格，才能在一众创作的视频中脱颖而出。下面，就来探讨一下抓取热点的方法。

第一，热点人物。

热点人物通常是指明星（以娱乐圈、体坛为主）、商界大佬以及各路网红。如果是娱乐圈明星，通常有新片开机、院线上映、综艺节目等，切入的角度很多，可以以明星的新片为切入点用影片内容和视频内容相串联，也可以借用综艺节目上说出的一句有趣的话作为视频文案的开场白或者造"梗"。如果是体坛明星，可以从该明星的身体素质切入健康保养，也可以从参加比赛来升华主题（如永不放弃、磨炼意志等）。如果是商界大佬，通常都是从一句讲话切入应用到自己的文案中，比如"站在风口上，猪也能飞起来"，可以结合商界大佬的奋斗经历进行励志方面的主题升华。如果是网红，最常见的就是直接借用对方的"梗"，比如把"你这个背景太假了"挪用到探店的视频中，就能让粉丝会心一笑。

需要注意的是，抓取的热点人物最好是和垂直领域相关或者贴近，尽量不要离得太远，如果你的粉丝群体并不关注网红圈子的话，你抓网红身上的"梗"就没法让粉丝理解，反而变得尴尬。另外，蹭热点人物时要注意引用照片或者视频的版权问题，不要为了流量让自己陷入法律纠纷。

第二，热点事件。

热点事件其实和热点人物比较接近，比如明星事件、商界事件和社会事件等，这些事件有些是纯娱乐性的，有些是话题性的，一般来说，为了避免不必要的麻烦，尽量选择纯娱乐性的。比如梅西率领阿根廷队夺得世界杯冠军，你可以将足球作为切入点讲述运动，也可以从团队合作讲企业培训，自由度较高且不会产生争议。商界事件，一般贴近新品发布这一类比较好，比如你是制作家庭短剧的，那就可以在故事中加入iPhone14发布后买不买的桥段，既不突兀又能引起大家的讨论，当然，如果你觉得这种事情不够劲，也可以选择"特斯拉刹车"这种带有争议性的商界事件，但具体的尺度要把握好，对于新人来说最好不要触碰，容易造成粉丝间的割裂。至于社会事件，尽量选择争议性小的、有官方定论的，避免因为事件反转而被"打脸"，当然这类事件的切入点通常用于情感类、社交类等社会文化类型的视频。

第三，热点动作。

曾经有博主拍摄换装视频而爆火，一时间很多博主纷纷跟风模仿，也吸引了不少粉丝，再有就是"迪士尼公主打招呼的方式""朋友出游拍照姿势"等动作也一度吸引了人们的讨论。作为内容创作者可以直接复制这些动作到自己的视频中，不过这种比较适合段子类的视频，以口播为主的视频类型就不易模仿，而想要达到百分百复刻的效果，最好多尝试几次，尽量达到还原的效果，这样才能被粉丝一眼看懂，达到二次传播的效果。

第四，热点配乐。

这里所说的配乐不单单是音乐，也可能是一段原声音频，比如大笑声、吐槽或者模仿某个人物的说话语气，相比于热点动作适用性更广，即使你是以口播为主的视频类型，也可以在文案中根据内容适当插入，能给粉丝营造惊喜感。如果你是做剪辑视频的，发挥余地更大，可以针对某段音频专门做一条卡点视频，比如借用甄嬛的台词卡点一段家庭故事，就能产生不错的演出效果。

图4-3

在流量为王的时代，谁能吸引流量到自己身上，谁就掌握了更多的主动权，就能获得更大的变现机会，因此不要把"蹭"当成一种贬义，在人人都关注和追逐热点的时代，你只有时刻冲在最前面，才能借助热点刮起的风暴登上巅峰。

文案的类型和对应写法

当你对自己的账号有了明确的定位之后，后续要做的工作就是持续产出内容了，而视频内容的灵魂就是文案（也可以理解为脚本）。作为内容创作者，一定不能偷懒不写文案，那样就变成了随性的拍摄，会导致主题不明甚至跑题的情况，特别是干货分享类型的视频。

不同的视频类型，对应的文案类型自然也不同，但是文案的核心是不变的，那就是触动观看者的认知和情绪，通过不同的情感表达和信息输出来引起观看者的共鸣。下面，我们就来盘点一下不同类型的文案该如何撰写。

第一，叙述类文案。

叙述类文案多见于段子类的视频，也就是通过一段故事的演绎来表达某种主题，通过植入情感引起用户的共鸣，因此这类文案一定要有表达技巧，如果只是自顾自地讲述完一个故事，无法触动用户的情绪。下面我们就来看两段不同的叙述方式。

1.这个快递小哥每天十分辛苦，几乎没空吃饭，大多数的时间都是在路上。

2.这个快递小哥很会时间管理，送餐上电梯时飞快地从怀里掏出面包啃了起来。

对比两段话，第一段的叙述就显得平铺直叙了，只是客观地叙述了快递小哥很忙的事实，却显得空洞普通；而第二段的叙述就显得很生动，细节满满，容易引起人们的共鸣。

想写好叙述类文案，多看故事类的视频，能找到很多灵感，但要注意的是，不要通过阅读文学作品去提高叙述技巧，因为抖音的快节奏是给不了太多铺垫的，那些大段大段的经典文学描述并不适合。

第二，悬念类文案。

悬念类文案可以应用在故事类视频中，也可以应用于以口播为主的干货分享类视频，作用就是提高完播率，尽可能地让用户留在页面中。最常用的悬念模式是"我给你们讲三个故事，最后一个笑得我肚子疼！""看到最后，你就会知道刚才谜题的答案""最后一秒肯定颠覆你的三观，信不信？""我的朋友辞职以后做了自媒体，结果……"诸如此类的文案设置，都能引起用户的好奇心，让他们耐着性子看到最后。当然，你不能为了完播率去搞噱头欺骗用户，一定要在结尾处兑现开头的承诺，否则一次两次管用，多了就会引起用户的反感，你再设置任何悬念都没人买账了。

第三，互动类文案。

互动类文案常见于教育、培训、情感、杂谈等视频类型，主要是为了激起用户的关注热情，让他们主动积极地和博主在评论区互动，增强话题感，此类文案最常用的就是反问句和疑问句以及开放式问题。

反问句："难道你一辈子都只当一个打工人吗?""你不会以为爱情能无视物质条件吧?""你恐婚真的是因为你了解婚姻吗?"

疑问句："第一次见家长你是怎么穿搭的?""'00后'的你有多少存款?""你为什么不回老家发展?"

开放式问题："儿子到底要不要富养请在评论区留言。""只租房不买房你是怎么看的?""考研前三天你会做什么?"

互动类文案就是要激发用户探讨的欲望，问题可以选择具有争议性的、探讨空间大的，不能选择过于温和的或者是专业性太强的，否则大多数用户要么没有互动的欲望，要么认知门槛太高不便讨论。

第四，励志类文案。

励志类文案应用比较广泛，常见的有健身减肥、职考就业、创业经商，等等。此类文案的重点在于给用户"打鸡血"，让他们兴奋起来，提高对账号的黏性，常见的句式有："两个月从120斤减到100斤，我都可以，你为什么不行？""相信我，你的潜力顶多发挥了30%！""你不是能力差，只是欲望低！"此类文案可以适当地灌点"鸡汤"，但不能夸大其词，欺骗用户，毕竟每个人都希望自己比想象中更强大。

第五，恫吓类文案。

恫吓类文案往往和营销推广类的视频关联，当然也多见于一些养生保健或者技术分享类视频，其目的是让用户产生严重的自我怀疑，进而通过视频来寻找真相。需要注意的是，恫吓类文案不像广告文案那样让用户感到自卑，它的着眼点在猜疑和犹豫，即动摇用户的固有认知。常见的句式有"你每天都在吃水果，可是你真的懂它们吗？""你以为敷面膜能让皮肤更好？简直可笑！"通过这种带有夸张色彩的恫吓，让用户瞬间怀疑人生，然后就会听你娓娓道来。

第六，渲染类文案。

渲染类文案多见于情感类、励志类的视频，意在通过渲染情绪升华主题，引发用户的共鸣，当然，单纯的段子类视频也可以使用，毕竟注入了情绪之后，会让视频变得不那么单调，只要掌握好渲染的比例即可。无论是渲染情绪还是渲染气氛，其目的都是触碰用户的情感，让他们在观看视频时感同身受，或者戳中泪点、痛点，这样就能给视频带来不少的关注量。

在《啥是佩奇》这个短视频中，讲述了爷爷准备礼物、儿孙回家的情感剧，既幽默又感人，还融合了当时颇有人气的佩奇IP，这就是抓住了受众的泪点，一下子就变成了现象级的火爆视频。如果你对这种技巧比较生疏的话，可以学学情感营销，比如看一些可口可乐、雀巢等品牌向用户灌输情感故事的广告，就能找到类似的感觉。

文案的学问远不止分享的这些，因为不同细分领域会对应不同的文案技巧，即便是同一个视频类型，也会因为博主的风格不同产生差异化的文案。这些需要时间学习，更需要在实践中慢慢总结，找到适合自己的文案风格。

那些惊掉下巴的创作手法

了解了文案的基本写法之后，接下来需要掌握的就是进阶技巧，也就是让你的文案在同类视频中脱颖而出的巧妙方法。它能让你的视频从"吸引用户"升级为"震撼用户"，下面就来盘点一下能让用户惊掉下巴的文案创作手法。

第一，塑造五感。

五感就是我们常说的视觉、听觉、嗅觉、味觉和触觉。合格的文案，基本上是描述出模糊的五感，剩下的则要靠用户"脑补"，而优质的文案则是直接带给用户感官上的冲击力，通过对文字的巧妙应用让用户产生生理反应。下面，我们就举例说明。

视觉："火红的滋着油的红烧肉出锅了，想知道它是怎么做出来的吗？"

听觉："同事议论我的声音，就像用小刀划玻璃的刺耳声让我心脏骤停。"

嗅觉："什么是丧偶式育儿？就是打开卧室扑面而来一周没洗的臭袜子味儿。"

味觉："这家店的烧烤有多好吃呢？咬开外焦的牛肉，里面竟然有汁水包住了舌尖。"

触觉："这款手机的背壳光滑细腻，就像是18岁少女的皮肤。"

你的文字越能激发起用户的想象力，就越能快速地把用户代入你设置的情景中，无论是输出信息还是情绪共鸣，都会易如反掌。

第二，黄金三秒法则。

对于短视频来说，开头的三秒钟就是"黄金三秒"，它决定了用户会不会为你的视频停留，不信你看看那些爆款视频，都能在三秒内牢牢地抓住用户，让其不由自主地看完。反之，如果在视频开头就缺乏代入感，能够收获的流量也是微乎其微的。或许有人会问：一共只有三秒能表达什么内容呢？其实以短视频的节奏来看，虽然三秒钟不长，但也足够呈现出一些信息，为此我们要掌握两条核心法则。

1.从用户的角度切入，增强代入感

用户点开一条视频，很大程度上是因为这条视频讲述的内容和自己有关，比如有关升学考试、爱情婚姻、健康养生、职场生存、创业指南，等等。他们想通过观看你的视频找到解决问题的方法，所以内容创作者就要抓住这一点吸引用户看下去，让你的视频为他们排忧解难，自然就增强了用户和账号的黏度。

2.利用人性的弱点，激发关注欲

除了关心问题的解决方案，人性中的某些弱点也是点开一条视频的驱动力，比如因为想多挣钱点开了"教你月入10万的营销技巧"，比如因为羡慕点开了"毕业两年的我，如今已经年入百万"，比如因为省时间点开了"3分钟让你看懂《满江红》"，比如因为好奇点开了"熊孩子在我上铺我是怎么教训他的"。总之，只要认真揣摩，就能发现用户对什么话题感兴趣，这就是创作者在视频前三秒埋下的伏笔。

在讲完两条法则之后，我们再来看一下黄金三秒的具体操作技巧。

1.设置冲突

很多故事类视频的开场都是人与人之间的冲突，比如情侣吵架、老板发火、朋友反目，等等。出于好奇心自然会关心冲突因何而起，以及事情如何解决，同样，有些冲突是在生活中难免的，我们也想看看他人是如何化解的，所以就会毫不犹豫地点开视频。当然，非故事类视频也可以使用这种方式，比如用口播告诉用户："昨天我给客户敬酒，结果订单没了。"接下来开始讲职场的生存法则，同样会吸引用户看下去。

2.设置诱惑

知道了用户想要什么，就可以通过设置诱惑的方式吸引他们看下去，比如"20天减1千克根本不可能！因为我能让你减掉2.5千克！"这样就抓住了用户想要瘦身的心理需求，那么具体的减肥方案对他们来说就是诱惑。当然，即便用户没有减肥的需求，也可以吸引他们看下去："不用减肥的也进来看一看，等到开始发胖就晚了！"

3.设置共鸣

情感需求是几乎所有用户的共同需求，一般来说，亲情、友情、爱情、主宠情（主人与宠物的感情）都是很多人关心的，能够唤起大家的共鸣。在视频开头用"我整理父亲的日记，最后一页让我泪目了！""儿子第一次叫我爸爸时，我愣住了一分钟！"戳中人们情感中最柔弱的部分，自然就让人有点开视频的欲望。

4.设置悬念

这个在前面提到过，就是用一句话吸引用户看到最后，提高完播率。

第三，利用标题吸引用户。

利用标题吸引用户就是用带有夸张和营销色彩的标题吸引用户点开视频，从用户的猎奇心理出发，他们更希望在一众普通的标题中看到引爆眼球的文字，毕竟短视频多如牛毛，利用标题吸引用户在某种程度上解决了用户的选择困难症，帮他们筛选出了能提起兴趣的视频。当然，人们吐槽利用标题吸引用户，是因为有些文案标题和内容严重不符，纯粹是带着欺骗的目的骗点击率的，只要我们确保标题和内容大体相当，利用标题吸引用户也是明智之举。下面，我们就来分享一下标题的种类。

1.数字标题

数字标题是常见的吸引方法，它能够通过直观的数字展示让用户明白这条视频的关键信息，进而产生点击的欲望，比如"花了3万块装修了100平方米的房子！"，这里的"3万块"和"100平方米"都是能够抓住用户眼球的，会让用户关心究竟是怎么做到如此省钱的，这就吸引了买新房尚未装修的目标群体，而没有此类需求的用户也会因为数字对比的强烈反差产生好奇心，同样会点进来看一看。

2.争议标题

争议标题就是通过敏感话题来吸引用户观看，其目的并非制造对立，而是以其中一个对立方的视角来看待问题，通常会给出一个开放式的结论。标题的争议性一定要和内容的争议性区分开来，不要站在某个立场抨击另一方。

如果你用"拒绝查岗，就是拒绝关心你！"作为标题，顿时就把一个争议由来已久的话题摆在用户面前，然后从女友的视角出发，讲述查岗的真正目的并非不信任男友，而是担心他，这样从内容来看就减少了对立、引战的元素。从女友的视角表现出了关心但信息不对称的情况，然后再以平和的方式收尾，这个话题的争议性依然存在，流量还能被吸引过来。

3.反差标题。

反差标题就是通过强烈的对比，颠覆人们的常规认识和惯性思维，让用户禁不住想要看看事情的真相是什么，常见的有"年入百万的大佬为什么回家种菜？""她是万人追捧的'女神'，却嫁给了一个穷小子。""初中生发明电子课表融资千万！"诸如此类的标题都能吸引一定的流量，但和数字标题一样，要注意内容不能和标题脱离太多，否则会引起用户的反感。

4.揭秘标题

揭秘标题就是通过"挖掘背后的真相"来引起用户的关注，由于这类标题被各大营销号用得太多了，所以新人在创作此类视频时要尽量输出一点干货，即便内容不够全面，让点进来观看视频的人也有所收获。

5.紧迫标题

紧迫标题是采用"再不××就来不及了"之类的句式，营造一种紧迫感，让用户迫不及待地点开来看，通常要和时间挂钩，比如"2023年，你必须要知道的买房策略。""还剩一个月就要高考了，你的孩子做这三件事了吗？""马上收藏，说不定以后就被限流了！"诸如此类，和揭秘标题一样，要或多或少分享给用户一些知识和经验，才能持续不断地吸引流量。

这些进阶的文案技巧，不仅要深入学习，还要灵活掌握，尽量学会把不同的技巧叠加在一起，比如使用了标题技巧并在黄金三秒中塑造五感，这样就能吸引用户看完。有一点不容忽视，就是要站在用户的角度去看自己的文案存在哪些问题，是否和自己的视频类型相匹配，是否和人设相匹配。

认知篇：为什么你的思维落伍了

第五章

你做好用户画像了吗

　　在短视频运营中，"用户画像"是一个被高频提及的词汇，虽然我们在创立账号之初会大致预判出自己的粉丝类型，但那是比较简单的分析，很多时候只能模糊地划分出一个区间，并不能实现精准的用户形象刻画。另外，随着账号的持续运营，我们所垂直的用户群体也会越来越稳定和趋同，这时候就必须深入、精准、全面地进行用户画像，以便进行后续的内容输出和账号运营。

　　什么是用户画像？交互设计之父阿兰·库珀说："用户画像是真实用户的虚拟代表，是建立在一系列真实数据之上的目标用户模型。"简单解释，就是我们对用户的标签化，正如平台对我们的标签化一样。只有给用户打上了正确的标签，才能把用户进行准确的分类，如潜在用户、深度用户等，这样才方便我们挖掘用户的需求，做到以用户为中心，这对我们输出内容和进行变现都是有重要意义的。

那么，如何完成用户画像呢？我们可以分为三步走。

第一步，采集数据。

身处大数据时代，数据是分析的基础，是决策的根本出发点，所以我们要通过搜集用户的静态和动态数据来掌握其基本信息。

1.静态数据

静态数据是用户身上相对稳定的、不会发生更改的信息，比如用户的性别、年龄、籍贯等信息。由于这些信息的不可改变性，会决定用户的内容消费和产品消费的某些特征，比如年轻人会对时尚潮流的文化内容感兴趣，对奶茶和啤酒的关注度会超过白酒和茶叶（普遍意义上讲），相比之下，中年人可能对白酒和茶叶更加关注。同样在服装、数码产品等消费领域，年轻人和中老年人的偏好肯定不一样。而结婚生子的用户又会产生新的消费项目，比如儿童早教、儿童服饰以及亲子关系、家庭教育等。另外，性别造成的消费差异和内容差异更加明显，这些静态数据都是制作视频内容和带货的参考点。

2.动态数据

动态数据是用户身上变化较大、不够稳定的信息，比如所在地域、消费水平、兴趣偏好等。因为人口流动的关系，以年轻人为代表的群体不会像父辈那样长期工作生活在一个地方，会因为工作或者感情等因素迁移，而消费水平也会随着工作的更换、观念的升级而发生变化。兴趣爱好同样也不是绝对稳定的，会随着年龄、心态、认知水平的变化而变化。自然，在内容输出方面，我们就要根据用户自身条件的变化而适当调整内容输出方法和带货领域。

这里肯定有人会问，如何收集这些数据呢？其实最简单的办法就是在评论区进行调查："说说你们的工作是什么""粉丝们都是什么年龄段的""已婚的举个爪"，等等。当然也可以随机点进粉丝的个人主页去查看，这样获得的信息更加准确。总之，作为短视频博主，只要时常和粉丝保持互动，就不难发现他们的年龄分布、心理特征、消费观念，等等。

第二步，行为分析。

行为分析就是根据收集好的用户信息进行一个简单的建模，这个模型当然不是实验室的那种科学模型，而是一种对用户的基本认知轮廓。打个比方，你的用户群体是"95后""00后"的年轻人，多是刚工作的或者即将毕业的，消费水平不高但消费观念超前、大部分都生活在一线城市，对二次元文化比较感兴趣，这些基础信息的整合就可以塑造出一个简单的模型：喜欢线上消费、偏向分期付款的年轻"二次元宅"群体。这个模型一出，就意味着你不能带价高的产品，也不要主推夜店和健身的消费券或者年卡，因为"二次元宅"普遍都喜欢居家生活，"社恐"比"社牛"

更多，所以借助这个模型你就有了内容输出和带货变现的方向。

当然，有人会说这样建模可能存在偏差，事实也的确如此，因为这其中包含着一些刻板印象，那我们需要进一步完善模型，最简单的办法就是通过视频的完播率、点赞数和评论数来判断。如你有旅游度假村的资源，对方想要通过你的粉丝基本盘完成变现，但你不确定粉丝是否有消费兴趣，那就可以推出一条和旅游相关的视频，通过观察完播率、点赞数和评论数来看粉丝的反应，如果大家反响平平、评论区讨论不够热烈，那说明你的粉丝确实对此类消费产品兴趣不高，变现就存在阻力。

不要轻视用户的行为分析，有的短视频博主依靠跳舞吸引了不少粉丝，结果带货化妆品的时候买者寥寥无几，最后才发现粉丝大多数是单身男粉，和产品高度不匹配，这就是没有进行行为分析的后果。

第三步，完善画像。

收集信息帮助我们进行行为分析，而行为分析最终是为了让用户完善画像，这是最后一步，也是最关键的一步，因为人是复杂的，单纯几条数据有时候依然不能展示出用户的"真实面目"，我们还需要通过一些更科学、更谨慎的方法巩固画像的轮廓。

1.根据同类账号完善用户画像

这是比较聪明的办法，找定位类似的大V，那些大V早就进行过用户画像，所以我们只需要观察他们的粉丝构成，就会了解我们的粉丝大致是什么样，而同类账号的内容输出和带货方向为我们提供了参考思路。如你的账号定位是模型玩具，通过观察同类账号发现，它的粉丝主要是30～40岁的中年男性群体，有消费能力，但是闲暇时间不多，因为他们忙于应酬、照顾家庭，而该账号的博主输出的内容总是能引起这些群体的共鸣，如"中年男人玩玩具不被家人理解""价值判断：我花1万元买乐高和媳妇花1万元买个包"，等等。因为是站在他们的立场上看问题，观看数据就十分可观，而该账号带货的方向并不聚焦于模型玩具，而是可以藏模型玩具防孩子毁坏的神奇柜子，这些内容输出和营销策略能帮你少走弯路。

2.通过试错完善用户画像

试错是很多运营者都喜欢的一种方式，它会先对自己的账号定位或者带货产品进行一种预测，然后根据这个预测制作一条视频观察用户的反应，有点类似于用户动态数据的调查。但不同的是，调查只是试探性的，试错则需承担更大的风险。比如，你坚定地认为自己的用户群体都是一群不婚主义者，未来的带货方向也是瞄准单身经济发力的，然后发一条支持不婚主义的视频来表达自己的立场，理想的结果是收获良好的数据，而不理想的结果是发生了严重的争议。这时你才发现粉丝其实不是坚定的不婚主义者，而是缺少恋爱的条件和经验，属于被动不婚的类型，所以他们从内心深处并不渴望"孤独终老"。

　　也许有人会问：这种试错不会掉粉吗？的确存在这种可能，但如果你的定位策略不变，那就必须要筛除那些不符合预期的粉丝。每个抖音账号只能为特定目标服务，不可能通吃。虽然掉粉对很多人来说无法接受，但只有做专、做精的账号才能做大做强。

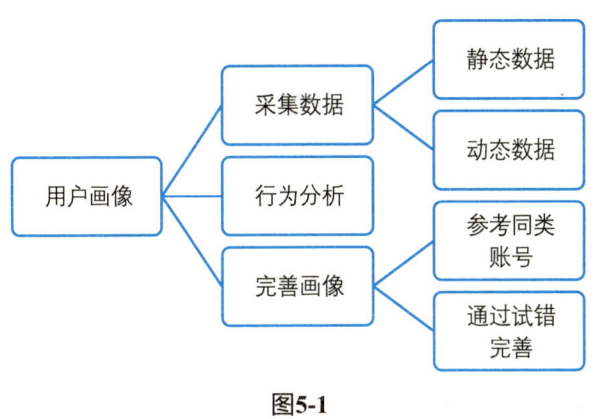

图5-1

　　建立用户画像除了上述三步之外，也可以通过一些第三方平台去获得，但基本都要付费，对于预算充足的运营者来说可以作为参考。总之，无论是自己收集分析还是邀请专业团队，其目的都是让用户画像越来越精确，这样才能提高视频的制作效率和回报率，帮助我们缩短成为大V到成为带货达人的距离。

为什么你的故事不好看

好的抖音短视频，通常都是有固定类型的，比如传播正能量的、新鲜有趣的或者唱歌跳舞达到一定造诣水准的，其中有一类视频经久不衰，那就是有故事情节的。

爱听故事几乎是每个人的习惯，小时候听家长讲故事入睡，识字以后自己阅读故事书……可以说，无论是听故事的还是讲故事的，都因为故事或多或少地改变了人生，也正是人们对故事的本能追逐和利益驱动，才让故事在网络世界里最能吸引别人的注意力。

抖音上有个"暖男先生"，他非常善于讲故事，他的视频要么让人会心一笑，要么让人陷入思考。用故事情节和人物激发起的追剧兴趣，会直接转化为点赞、评论和转发，成为引流的重要推力。作为一个初入抖音的新人，如果能够学会讲故事的技巧，那无论是输出内容还是带货推广都能如鱼得水。下面，我们就来分享一下利用短视频讲故事的技巧。

首先要明确的是，我们要在一两分钟甚至十几秒的时间内讲完一个故事，就必须抛开那种篇幅庞大、人物众多的故事素材。要讲好一个简短有趣、有内容的故事有以下三要素。

第一，构建故事冲突。

用黄金三秒法则，在最短的时间内展现出故事人物的冲突，当然这种冲突最好不要是老套的冲突，要多少带一点新意，比如婆媳矛盾是传统冲突，但如果把婆媳矛盾具象为儿媳正在追一部热播剧而婆婆却要听养生保健广告，俩人互相指责对方的节目不健康，这样能够抓住热点，就带有了话题性。除此之外，也可以根据当下的时代变化展现一些新颖的冲突模式，比如"奇葩醉鬼和毒舌代驾""新手酒托和老牌怨种"，等等。这些带有鲜明时代特征的矛盾冲突是用户喜闻乐见的，一定要尽可能多地出现在故事中，才容易引起人们的共鸣。

第二，故事节奏紧凑。

即便找到了冲突，如果控制不好节奏，也会让用户看着看着就失去了追下去的耐心而直接划走。以抖音为例，大多数的故事都是通过对话的形式来进行的，因为冲突升级很快，也不需要频繁地转场，拍摄制作成本相对较低，所以我们上面举的例子都可以表现为婆婆和儿媳吵架、代驾和车主争论、"酒托和怨种"辩论，等等。这样就能快速推进故事情节，也能制造更多的笑点和思考，毕竟短视频不能像影视剧那样用大量的时间去讲故事。

第三，有主题有情感。

有些短视频把段子拍成了"迷你电视剧"，除了时长更短之外，其他方面几乎完全是照搬影视剧的创作逻辑，这其实不太符合快节奏时代人们的审美需求。大多数人还是更喜欢看完一条视频就看完了一个故事，除非你的创作和表演团队十分强大，否则不要尝试这种模式。一条视频讲完一个主题，在主题中融入能引起共鸣的真实情感，这种朴素的讲故事方式远比好莱坞式的手法更适合短视频平台。

以上三条是讲故事的三要素，除此之外，我们还需要掌握讲故事的表现手法，也就是通过什么样的画面和镜头去展现情节和人物，这也是很多新手产生迷茫的"头脑空白区"。

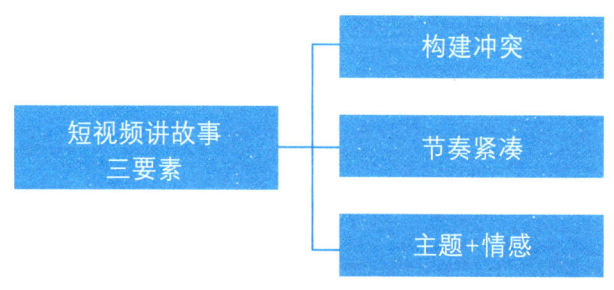

图5-2

第一，解说叙事。

这是很多纪录片和公益片喜欢的表现手法，即通过旁白的方式去讲故事，它的优势是只需要口播的形式就能把人物的对话、内心、动作都简单直白地表现出来，而不需要通过频繁的转场来展示，浓缩度极高。当然，对应的缺点是，这种表现手法不宜时长太短，否则会难以让人产生代入感，毕竟是用上帝的视角讲故事，所以一般都会在1～3分钟甚至更长，比如很多影视解说其实都是采用这种方式的。

解说叙事想要吸引用户，就要在画面和文案上同时下功夫，比如影视解说，都会把影片中最精彩的部分提前展现在片头，然后配上有些故弄玄虚的文案："看，这个男人以一敌十杀出了一条血路，然而真正的BOSS要登场了！"非影视解说的视频也可以借鉴这种思路，用"因为一台加湿器，这两口子差点离婚"作为开场，配上夫妻二人冷战的画面，然后再讲述矛盾产生的原因，最后是为加湿器厂商打了个软广告。总之你要记住，旁白的代入效果通常低于真人演绎，所以一定要强化文案和画面的"猎奇感"，这样才能瞬间抓住用户的好奇心。

第二，真人演绎。

这种表现手法是真人扮演故事角色，也是各大短视频平台常见的段子类视频，它的优势就是代入感很强，能够迅速地把人拉入某个场景、某段关系或者某个大家都经历过的情境中，从节奏上讲它要"快进快出"，第一秒就要把矛盾演绎出来，比如两个人充满火药味的对话，结尾可根据主题设置两种走向：一种是通过反转制造喜剧效果的快速收尾，比如骗子以为自己"钓到了鱼"，没想到对方也是骗子；另一种是通过注入情感加配乐的温情式、励志式的收尾，比如父母对叛逆子女的一段语重心长的话。需要注意的是，在注意力极其宝贵的当下，每一秒的镜头和台词都不能多余，一定要精简到没有内容可减。

真人演绎故事的技巧是多反转，而不是正常的剧情推进，在此说明一下二者的区别。所谓反转，就是一个求职的人在面试时被百般刁难，最后发现是竞争对手过来挖人，只需要一个身份的反转就能产生戏剧效果（类似的还有情绪反转、正邪反转、攻守反转等）。正常的剧情推进，是通过求职者真才实学的展示让面试官改变了刻板印象，这个就需要花费大量的时间去铺垫，不适合抖音的讲故事风格。所以，我们宁可让某些反转略显生硬，也不要慢吞吞地推动剧情，这样会流失大批用户。

当然，真人演绎也存在缺陷，那就是比较依赖演员的表演，如果台词、动作、表情都不到位的话，就会降低代入感，让用户吐槽"出戏"，所以很多段子类的视频都是依靠实力过硬的主演撑下来的，这就需要打造综合素质较高的主创团队。

第三，口播故事。

口播故事是博主真人出镜讲故事的表现手法，和上述两种手法相比，口播故事拍摄成本最低，因为不需要配音、配乐和画面剪辑，基本上拍完了就可以上传了，适合那种后期制作能力较弱的团队，但是它的缺点也显而易见，那就是比较依赖博主的语言表达能力，毕竟故事类不像分享干货，你必须声情并茂才能让用户有代入感。不过，在口播故事之下还有一个分类，那就是多人口播叙事，这种方法类似于围炉煮茶的社交化叙事，也就是两三个人通过聊天的方式讲故事，因为人多、观点多会产生强烈的冲突感，看起来比较热闹。但要注意的是，这种视频必须要在后期加快语速和镜头快切，否则就变成了谈话类节目，违背了抖音讲故事的节奏。

　　讲故事的表现手法多种多样，以上只是列举常见的几种类型，也有冷门的、适合特定账号的方式，这个需要自己去摸索。毕竟账号定位不同决定了内容输出的方式，关键在于你要了解自己、了解你的粉丝，有了这个靶心，才能讲一个好故事、讲好一个故事。

八倍镜瞄准用户的痛点

从2017年快速爆发到现在，短视频行业已经处于内容创作的下半场，也就是说用户的增量已经放缓，只能依靠现有的存量来获取红利，既然广度上拓宽范围有限，那我们就只能在用户群体做深度垂直。

或许有人会这样想：把用户画像画清楚，按照这个方向继续运营，拍摄制作的视频就一定会被用户买账，那么距离变现也就不远了。实际上，即使做到用户画像清晰，也不见得真能完成转化，这就好比你有了一张高清的照片却未必能在茫茫人海中找到目标一样。

除去运气等不可控的因素，之所以在用户画像清晰之后还未能实现转化，主要是因为没有准确抓住用户的痛点。如今是信息爆炸、人心"见异思迁"的时代，昨天还在一线城市梦想打拼，今天就可能回老家种地去了，所以不能一味地相信画像能带着我们到达成功的彼岸。讲到这里，肯定有人会问：如何才能抓住用户的痛点呢？这里，我们要先回答一个核心问题：用户为什么要关注你？

粗略地讲就是，你能为用户提供价值，用户才会关注你，但问题在于你提供的是什么价值，如果是焦虑的情绪价值，那就要确保用户处于焦虑状态，他们或者为生计发愁，或者为社交犯难，或者为爱情忧伤，总之他们因为焦虑才会关注你，让你为他们指点迷津或者释放情绪。同理，如果提供的是有价值信息，比如考研、考驾照等，你就要确保自己的信息永远是最新的，如果更新延迟了、信息滞后了，那用户凭什么还要关注你呢？当然，也可能纯粹是人设讨喜，那就要尽量保持与用户初相见的状态，一旦改变了，就要思考这个变化的人设用户还会喜欢吗？

如果能够解答这个核心问题，就具备了掌握用户痛点的基本能力，但要想抓得准、抓得狠，还要进一步深入思考。如你拍摄的搞笑段子深得粉丝喜爱，你确定自己提供给用户情绪价值，可某一天你把搞笑的主角换成了总裁，用户可能就不买账了，因为你之前讲述的是小人物的故事，这就是你只抓住了大痛点（用户对轻松愉悦的需求），却没有抓住小痛点（用户对贴近生活的段子的需求）。

从广义上讲，痛点代表着需求；从狭义上讲，痛点是需求的组成部分。一般来说，人的需求可以分为刚性需求、附加需求和痛点需求三种。它们对应的需求种类和紧迫程度不同，反映在消费上也不尽相同。下面，我们就来盘点一下这三大需求。

第一，刚性需求。

刚性需求是人们赖以生存的必备需求，比如衣食住行，对用户来说是"我不得不买"。所以，在引导用户的消费欲望时，就要强调"不得不"这三个字。如果你的账号是做服装穿搭的，在没有获得变现渠道之前，就要通过视频讲解传递给用户一个信息：不管是出席正式场合还是非正式场合，每个人都至少要有2~3套高质量的服装，因为它不仅代表着社交规则，更代表着别人对你的第一印象。接下来，你就要通过求职、会议、工作、聚会等具体的情境强化穿搭的重要性，用户自然就潜移默化地接受了"我至少要有××套服装"的概念，这样等到可以变现时，就能轻松地引导用户消费，因为这对于他们来说是立足社会的必备需求。同理，做美食也可以从养生、瘦身、营养等角度出发，强化"不得不"的概念，让用户为此留出消费预算。

第二，附加需求。

附加需求是人们非必要的、可以自主定夺的需求，比如教育、文艺、社交等，对用户来说是"我可以买"，它是在满足了衣食住行等基本需求之后的升级需求，既然它可有可无，那我们要牢记四个字——创造需求。如果你的账号是做教培相关的，那么在日常做视频的时候就要多讲故事："我的朋友因为考取了××资格证收入翻倍""某粉丝在我的指导下报了××班后找到了高薪的工作"，通过结果导向来唤醒用户对附加需求的执念。需要注意的是，在强化附加需求时要尽量淡化用户的选择权，比如引导用户参加某项培训时要说："2023年了，你一年还只考一个资格证吗？"而非"今年你有报考××资格证的打算吗？"通过这样的话术设置，让用户的大脑直接绕过"要不要"的决策，将附加价值强化。

第三，痛点需求。

痛点需求是未被满足的刚性需求和附加需求，因为满足感的缺失才产生了强烈的痛苦，对用户来说就是"我想买但是我买不到"。比如冬天很多人打车难、拼车麻烦，这就是刚性需求没有得到满足。再比如很多人渴望恋爱却又担心遇人不淑，这就是未被满足的附加需求。当你找准用户的这些痛点需求之后，再给出一个解决方案，那么用户就会找回缺失的满足感，并为此不惜一切代价。如果你的账号的定位是美食烹饪，带货方向是厨房用具，你当然可以只推荐普通的刀具给粉丝，不过这只是满足了他们的刚性需求，即便推荐给他们名牌刀具，也不过是满足了附加需求（对厨具文化的认同和品位展示）。但是，如果发现很多用户经常用刀却不会磨刀，你就推荐给了他们陶瓷刀，这就是解决了痛点需求，其消费的意愿自然要超过前两者。同理，视频内容也可以瞄准这一类的痛点，比如抽油烟机的清洁和锅具的保养等，这样你输出的内容就是在帮助用户解决问题，他们和你的账号自然会产生更深一层的绑定关系。

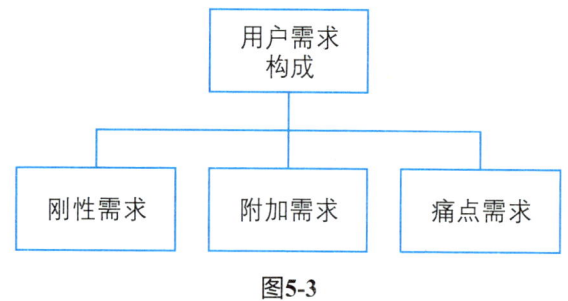

图5-3

讲到这里，或许有人会问：如何了解用户的痛点需求呢？可以参考下面两种方法。

第一，从销售端获得信息。

尽量多和销售一线的人接触，如果实在没有此类人脉资源，也可以多关注这类人群的账号，或者去淘宝、京东等电商网站的产品评论区中搜集被用户诟病的缺陷。从产品的角度发现那些不易被人察觉的痛点，只要你持续关注并认真思考，总会找到几个让用户困扰的痛点，有了痛点，你就可以反向推导视频内容，对账号进行更加清晰的定位。比如可以通过家装销售了解到很多用户是不了解各种材料、手工的门道，那你就可以做基础的科普和各类产品测试，相当于用自己的钱去帮用户"踩坑"，这样虽然前期要投入，但是用户会十分感激你的付出，因为你帮助他们解决了现实问题，这样你的账号就能源源不断地吸收新粉。

第二，从同类账号借鉴经验。

这是多次提到的思维方法，多关注相同垂直领域的大V，因为他们大概率踩过了新人必踩的坑，所以从他们身上能够学习到更多有价值的信息。如果你是做亲子教育账号的，带货方向是母婴、儿童产品，那就多关注同类型的账号，看看这些博主是如何为粉丝输出有价值信息的，这样就能提供给你新的思路和办法。

痛点需求，是最让用户心动的需求，因为刚性需求虽然不可逃避，但是满足它的渠道有很多，用户未必会选你，而附加需求又受到消费观念、人生态度等心理因素影响，不易把控，只有痛点需求才是用户的软肋。如今，只做刚性需求和附加需求的账号太过普通，不仅视频本身难以成为爆款，变现渠道也相对较少，只有痛点才是激发用户消费欲望的变现法宝。

先解决问题，再考虑赚钱

眼看着别人的账号飞速涨粉，而你的却还在原地踏步，这时有人会急着四处引流拉新粉加入，有人会重组团队在内容上精益求精。这些做法都没有问题，但最大的问题还是你没有解决认知思维上的误区，这是直接导致账号运营时困难重重的关键。

很多时候，不是单凭努力就能冲破困难，而是要作出正确的决策，而正确的决策依赖的不仅仅是知识和经验，更需要拥有正确的思维模式。下面，我们就来盘点一下短视频运营离不开的六种思维模式。

第一，创新思维。

创新思维是用独特新颖的方法解决问题，它意味着人们突破了思维的界限，用反常规的方式跳出传统视角，从而达到新奇的、具有社会意义的思维成果。一条好的视频作品，除了要给用户带来丰富的视听体验之外，也要让用户发现其中的独特价值，这才是成为爆款视频的潜质。如果你的账号定位是做家庭生活，展示小夫妻的日常拌嘴，那么这种形式是没有新意的，可如果你把普通的拌嘴变成了"我的老婆有极高的语言天赋，她一句话就能把我怼哭了！"然后通过妻子的妙语连珠、毒舌吐槽将丈夫一次又一次地击溃，配合热点话题和有趣的BGM，这样就植入了新意，会很容易产生传播性和话题性。

第二，流量思维。

流量思维是指短视频运营中以"流量第一"为思考支点。流量就是客流的意思，流量越大，访问量越大，一个账号或者一条视频的价值就越大，正所谓"流量在哪里用户就在哪里"。作为短视频博主，不要在内容创作时只考虑内容本身，而是要思考："这么拍有流量还是那么拍有流量？"如果你的账号定位是做考研指南，同类账号一大堆，想要获取更多的流量，就可以在为考生指引方向的同时紧跟社会热点，如以"考研高考化"为话题开篇，给出自己的结论，让粉丝在评论区各抒己见，争议性越强，话题度越高，比干巴巴地分析报考方向更能吸引用户的注意力。

第三，杠杆思维。

杠杆思维是通过一个核心杠杆点，去撬起更大更重的东西，从而达到预期，这个思维模式应用在短视频领域就是通过重要细节的优化，让视频吸引更多的路人观看，提高账号热度。最常见的方法就是多参加一些互动性强、话题度高的"热门挑战"，比如吹硬币、冲拳断筷、吹牛皮纸这些。为了制造热度，可以暂时忽略账号本身的定位大胆参与，因为抖音通常会给这类视频上热门的机会，所以你参与挑战的本身是让自己的账号增加曝光度，同时让粉丝看到你不为人知的另一面。

第四，商业思维。

商业思维思考的是如何把流量转化为真金白银，这往往是很多内容创作者最终的目标。对于刷视频的人来说，他们是为了获取信息、休闲娱乐，但是内容创作者想要长期发展下去，就必须考虑自己和团队的吃饭问题，否则不会走太远。但是，不少人陷入了"先涨粉后变现"的误区，认为自己只要拥有了大批的粉丝就不愁变现渠道，其实粉丝和变现并不能完全画等号，只有和你产生经济关系的粉丝越多，账号的商业价值才越大。比如你的账号定位是教人打篮球，吸引了一批粉丝之后，你打算卖篮球鞋，但是真正掏钱的人却不多，这是因为一些人只是单纯看个运动视频，没有下场比赛的需求，还有一些人有自己熟悉的商家店铺，不需要上你这里购买，这就是粉丝的经济关系和你关联不强。比较合理的做法是，做一些新奇好玩的健身器具，比如在办公室里就能做的简易锻炼器具，针对久坐不运动的职场人群，他们在产生了消费欲望之后就会受到你的购买指导。因此，我们应先设立好商业目标，再去规划视频内容，这样才能有的放矢、不走弯路。

第五，品牌思维。

品牌价值可以被模仿，但很难被超越。在短视频平台上，只有当更多的人记住你、把你当成一种品牌，你才拥有他人不可撼动的地位，即便有人模仿你，你在粉丝心中也永远是"正版"的存在。所以，品牌思维就是强化个人IP，形成鲜明的形象标识，只要亮出这个标识，人们就会马上想到你。很多大V在短视频中都会保留鲜明的个人特征，或者是一句口头禅，或者是一个动作，比如一提到概率永远都是"88.8%"，乍看没什么特点，但是重复的次数多了，下次没等你说出来粉丝就会喊出这个数字，类似这种造梗的方法就是强化个人IP，让你在芸芸众生之中有高识别性。

第六，利他思维。

利他思维就是对他人有用，是吸引别人关注你的根本。在短视频行业中，人们的需求无非是休闲娱乐、获取知识、释放情绪、得到经验等。那你就要根据用户画像明确最常见的几种需求，然后尽量满足大家：要搞笑就多想新点子，要知识就深入浅出讲明白，要经验就要拿出过硬的实例，要情绪关怀就写诚意满满的文案……总之，只有当粉丝意识到你是在满足他们、帮助他们时，他们才能和你增强黏性。

图5-4

上述列举的六种思维模式，并非任选其一就能从根本上解决问题，因为每一种思维模式都存在局限性，比如商业思维过重的话就会轻视内容输出，利他思维太突出的话就会忽视流量转化，所以要尽可能地接受更多的新思维并勇于尝试、大胆融合，才会有无限的可能。切记，抖音博主不仅是内容创作者，更是商业运营者，所以要拓宽创作者的单一视角，走出认知误区，把困扰自己的根本问题解决，这样才能在短视频的赛道上挣脱束缚，一往无前。

付费的才是最好的

经常刷抖音的用户会发现，有些优质的短视频内容只有付费才能观看，这让习惯了免费看剧的人感到奇怪：难道以后短视频也要花钱观看了吗？

有一个不得不面对的事实，那就是短视频行业的流量红利日趋减少，各大平台的增长速度逐年放缓加上很久以来盈利模式的单一，意味着短视频行业需要寻找新的变现渠道，而作为内容平台，内容付费自然是最理想也是最直接的变现方式。现在，以抖音、快手、视频号为代表的短视频"三巨头"，对付费制的推行已经提上了日程。这并不是说所有的短视频都要花钱才能看，只是那些优质视频需要收费，对内容创作者来说，这似乎是一个利好消息。

当然，短视频付费制的确引起了很多用户的不满，因为在他们看来这本应是免费的娱乐项目。

实际上，内容付费并非短视频行业的首创，如今知乎、豆瓣等平台都已经建立了内容付费的概念而且反响不错。可以预见的是，内容付费迟早会成为短视频平台的变现手段之一。

实际上，像爱奇艺、优酷、腾讯等长视频平台早就形成了付费制和会员制，这是保护知识版权下的必然结果。同理，短视频也符合这一条件，所以快手在2020年就开辟了"付费精选"，包括付费直播、付费短视频以及付费录播课程等内容，可以说容纳了农业、美食、音乐、舞蹈等多个垂直领域。现在，快手还推出了"付费内容广场"，辐射范围更加广泛，垂直精度越来越精准，所以也有不少用户心甘情愿地付费观看，因为在很多人看来，内容付费更多的就是知识付费，是对个人的成长、工作和生活都有益处的。

2022年1月，微信视频号直播NBA比赛，在免费观看比赛3分钟以后，用户需要付费9～12.8元才能继续观看（安卓和苹果用户收费不同）。在此之后，视频号又推出了周杰伦的演唱会，虽然观看免费，却在线上商城通过出售手办产品获取了新的利润增长点。无独有偶，抖音推出了专场线上音乐会门票，同时向一部分腰部达人开放了"付费连麦"功能。虽然三大短视频平台走的付费道路不同，但从本质上都属于内容付费的范畴。

目前，抖音正在积极推出并测试短剧付费功能，博主可以通过这项功能将创作的内容设置为付费观看，具体价格则根据视频质量、时长等因素而定。虽然现在没有全面开放，但是这已经成为未来的发展趋势。

作为内容创作者，当然希望自己的劳动成果能够直接转化为经济效益，毕竟走广告、带货的道路还要经历一段漫长的成长期。但是，很多人也担心用户无法接受付费模式，反而成为吓跑用户的鸡肋功能。的确，短时间来看，不能接受付费的用户占比很高，但是随着时间的推移，付费制并不会被所有人排斥。毕竟随着知识版权意识的普及，如今在阅读、音乐、游戏等多个领域早就实现了付费制，人们不再把免费索取看成是理所应当，甚至对一部分用户来说，"付费的才是最好的"。

当然，想要跟上付费时代的潮流，身为内容创作者就要改变旧有的认知，接受并引领付费时代的到来，对此我们要把握两点。

第一，创造优质内容。

在短视频多如牛毛的时代，各种粗制滥造的视频也经常"污染"用户的眼睛，很多个人或者团队为了节约成本，都会以最寒酸的方式拍摄和制作，不小心刷到了再退出去，可能就会浪费几秒钟的时间，而这种低质量的视频基数很大，前后加起来就不止几秒钟的时间，用户就会在不断的筛选中白白浪费时间，这其实也是一部分人的观看痛点。

在快手上有一种名为"小剧场"的产品，它以故事情节为主线，时长2~3分钟，由多个视频组成，通常是和专业性较强的影视公司合作推出，如今已经有了几十部的体量。因为演员演出专业，剧本质量过硬，拍摄和剪辑符合审美需求，所以也吸引了一些用户付费追剧。现在抖音上也有一些博主开始尝试制作短剧，但他们不是通过直接付费的方式变现，而是通过抖音上的短剧引流到腾讯、爱奇艺等长视频平台付费播出，未尝不是一种新思路。

其实作为内容创作者不必担心用户不愿意花钱，网络小说的付费制已经证明了这条路可行，一些读者愿意掏钱肯定作者的劳动付出，甚至还有以高额打赏为荣的心理需求，前提是内容必须足够吸引人。所以创作者还是要聚焦在内容本身，不要时时处处都考虑引流和变现，要尽可能地提高视频质量，这样才有收费的底气。

第二，改变用户习惯。

互联网进化到付费时代，是经历了一个较为漫长的过程的，而短视频付费并非先行者，有其他行业已经为此蹚好了路，所以短视频行业要做的无非是聚焦到行业本身的消费习惯。实际上，和动辄几十集、时长2~3小时的影视剧相比，短小精悍的短视频更符合当下人们碎片化观剧和娱乐的习惯，这也是很多5分钟解说电影的账号被人关注的原因。

要想改变用户的消费习惯，就要朝着自助餐的经营思路靠拢——少量多次。即每一条视频时长不超过5分钟，节奏紧凑，内容饱满，不拖泥带水，让用户在短时间内就能产生较高的观剧体验，然后再通过不断设置悬念让剧情连续推进，从而让用户产生持续消费的冲动。当然，除了短剧类，知识类的短视频更有竞争力，创作者可以通过输出高价值的信息来吸引用户，比如教育、金融、法律等类型的账号，因为花钱购买知识对用户来说并不陌生，这也是一种引导他们改变消费习惯的切入点。而且，这种类型的视频并不存在绝对的准入门槛，只要你在某个领域有相对专精的技能，都可以转化为有价值的知识和经验，让用户消费购买。

在知识类视频方面，抖音又有着天然的优势，比如化学、古建筑学、生物学等，它们不仅有专属的内容池，也得到平台的大力扶持。根据巨量算数联合抖音发布《2022抖音知识年度报告》可知，从2022年1月到10月，抖音知识类内容作品发布数量增长35.4%，涵盖了人文社科、科技、科普、个人管理、财经、校园教育、医疗健康等多方面。这组数据足以证明在这些领域有专精技能的人，在付费时代都有变现的资本，因为用户对知识的渴求度是在持续增长的，这就是内容消费的原动力。

短视频付费功能的出现，是短视频行业的重要变化和大胆尝试，甚至从某种程度上看是一种革命性、转折性的改变，这意味着短视频行业正在经历内容生态和商业模式的变革和创新，未来很可能会影响其他行业的内容生态和商业模式。从用户的角度看，消费升级和多样化需求，也意味着部分人对内容质量的要求越来越高，或许他们并不是介意花不花钱的问题，而是花钱是否值得的问题。那么如何解决这个问题？满足用户的高阶需求，提供给他们名副其实的增值服务。这就要看平台和内容创作者的抉择与实践了。

制作篇：不能忽视的拍摄与剪辑

第六章

请选择你的英雄：拍摄器材盘点

当用户点开一条视频时，最能产生吸引力的就是画面了，清晰的、色彩饱满的画面会给人赏心悦目的感觉，而要想呈现出较好的画面效果，就需要相对专业的拍摄设备。对于很多抖音新手来说，如何选择拍摄视频用的工具是一个陌生领域。下面我们就来盘点一下常见的拍摄器材。

第一，摄像设备。

常见的摄像设备有以下几种。

1.手机

如今的手机在影像技术方面都有了明显的进步，甚至有电影人用手机拍摄影片的案例。其实在短视频领域，手机的摄像参数已经基本上达标了，而且它也不需要额外投入购买设备的资金，随时随地都可以拿出来拍摄。

使用手机拍摄时需要注意三个问题：一是拍摄时要用主摄像头也就是背面的摄像头，通常它的清晰度是最高的；二是要预留好较大的存储空间（至少要在256G），因为长时间摄像会占用大量的手机存储空间，一旦出现内存占满的情况就很尴尬了；三是手机的主摄像头通常都是广角镜头，所以在构图的时候要考虑到广角镜头的特点（视角大，但焦距短）。

2.单反相机

单反相机不仅能够拍照，也能够摄像，而且操作简便，能够自动对焦，画面清晰度和色彩饱和度等方面也都超过手机。同时单反相机的传感器尺寸更大，具有更强的画面表现力。当你想使用一些运镜技巧时，只有广角镜头的手机就会显得捉襟见肘了。

3.微单相机

微单相机是无反相机的俗称，通常比单反相机更加轻巧，操作上也更加简便。用此类设备拍摄视频时可以根据场景、表现手法的不同更换镜头，达到更出色的艺术效果。实际上，现在很多视频工作室都会使用微单相机进行视频拍摄，如果你想深耕这一领域的话，选购微单相机更符合主流趋势。索尼、佳能等厂商生产的微单相机内置了很多视频优化功能，在拍摄视频时可以进行眼部检测自动对焦功能，相当于提前做了一次后期，减少你的工作量。

4.专业摄像机

其实对大多数个人或者团队来说，专业摄像机拍短视频有些大材小用。但如果你想多平台发展，比如通过抖音引流到爱奇艺、腾讯等长视频平台上，为了保证画面指标一致，就需要用专业的摄像机拍摄。

第二，稳定设备。

准备好了拍摄器材并不意味着就能马上拍摄了，因为视频不仅要求有清晰度，还要有稳定性，这就需要准备稳定设备。

1.三脚架

三脚架是拍摄静态画面的辅助设备，也可以用来拍摄动态画面，能够让设备在拍摄过程中不会摇晃并减少抖动。需要注意的是，如果你不是用手机拍摄，那就不要用手机的三脚架，因为它只能起到支撑的作用，无法调节高度和角度，承重能力也有限；而是要购买单反、微单相机专用的大三脚架，它能适配大场景、长时间固定拍摄的现场需求。

2.稳定器

三脚架只能起到支撑固定的作用，无法进行手持拍摄，所以还要准备一个稳定器用来手持拍摄。通常稳定器分为手机稳定器、无手柄稳定器和有手柄稳定器。目前手机稳定器是市面上性价比最高的，适合短视频拍摄，通常支持三轴稳定并配有云台和稳定仪等，而且也增加了智能跟随功能，在使用中能够很好地控制快门速度和距离，从而避免因为移动导致物体抖动的情况。对于那些拍摄场景在户外、需要频繁切换镜头的视频来说，稳定器不可缺少。

如果你是用手机拍摄，就选择手机支架作为辅助设备，不过要搭配稳定且带有锁扣的镜头夹，同时注意尺寸，过大或者过小都会影响操作。

第三，打光板。

光线是摄影的生命，想让拍摄的画面明亮通透，就必须要有足够的光进入传感器，这就需要准备打光板。打光板又叫反光板，通常用锡簸纸、白布等材料制成，负责在景外起到辅助照明作用，有时候也会作为主光使用。不同的反光表面能够产生软硬不同的光线，这个需要根据拍摄需求来决定。注意不要为了省钱买太小的打光板，因为打光板面积越小，效果越差。

第四，补光灯。

由于短视频的制作标准没有影视剧那样高，所以并不推荐专业的影视照明器材，因为它们的价格十分昂贵且性能过剩，我们只需要准备补光灯即可，它的作用是让光线更加集中，避免因为自然光线的变化带来的色温、亮度等差异，导致视频画面的不统一。除此之外，补光灯也能实现一些艺术效果，如配上柔光伞，可以让光线变得更加柔和，相当于增加了美颜效果。注意不要用普通的节能灯，它们的显色指数非常低，也就是说会损失皮肤的色彩，让人物的颜值降低。

第五，麦克风。

虽然很多拍摄器材都自带麦克风，但是它们的收音效果往往很一般，在安静的环境中尚且可以使用，但是如果拍摄环境比较嘈杂，比如在户外，那么就需要一个相对专业的麦克风。如果是拍摄vlog这种单人出镜的视频，只需要购买无线麦克风佩戴在身上即可，因为它便携易操作，而且还能免受静电的影响防止爆音。如果你拍摄的是多人出镜的短剧，也可以购买有线麦克风配合录音挑杆使用，为了录音效果需要加好防震架、防风话筒毛套。

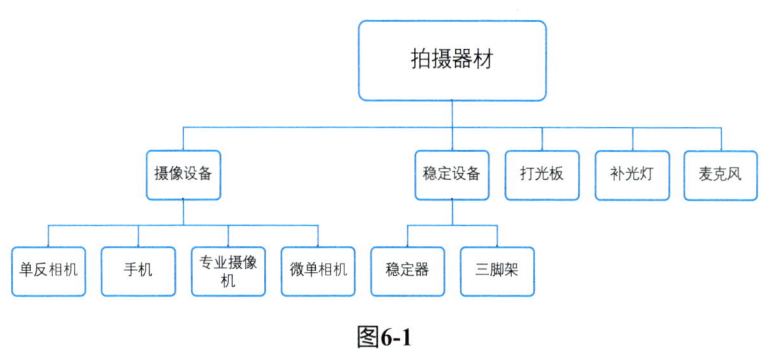

图6-1

上述器材就是拍摄短视频常用的，你可以根据预算、账号定位来自由选择。切记，无论是拍摄长视频还是创作短视频，都和影像的质量息息相关，一套合适的拍摄器材是必不可少的，可以降低预算，购买性价比高的设备，但不能抱着对付、糊弄的心态。毕竟在你成长为大V之前，用户对你的视频内容是陌生的，而画面就成了能否在瞬间吸引他们的关键。

"草根"的蒙太奇：运镜和转场

当你准备好了符合需求的拍摄器材之后，肯定是手痒痒得想开机了，但是不要急，在正式开拍之前，你需要了解一些基本的运镜技巧。或许你会说，竖屏视频没有什么运镜空间，这其实是一种偷懒的想法，现在不少竖屏短剧也注意运镜了，毕竟固定视角一路直拍太单调，只要不过于花哨，艺术性的拍摄手法还是十分有必要的。下面，我们就来分享一下有关运镜方面的技巧。

第一，推镜头。

推镜头是指在拍摄的时候，镜头向前推近被摄物体（被摄物体保持不变），使取景范围由大到小，被摄物体逐渐占据主体甚至变为特写，而画面中的次要部分则逐渐被推到画面之外，从而让人的视角聚焦在被摄物体上，突出被摄物体的特征和状态。从视觉角度出发，推镜头更符合由远而近、从整体到局部、由全貌到细节的观察过程，会给人自然顺滑的感觉。如果是人的话，就是放大人物的表情和动作，展示当前的心理活动状态。比如，你想展示旅游风景的某个细节，就可以通过变焦的形式推进镜头，逐步展示景物的细节。同理，在拍摄人物的时候，推进镜头可以看清人物的表情，如愤怒、痛苦、委屈等，这些应用在短剧拍摄中就很有必要，能够增强戏剧张力。

第二，拉镜头。

拉镜头是指在拍摄的时候，镜头向后拉开远离被摄物体（被摄物体保持不变），然后展示被摄物体的全貌以及周围场景、其他物体。在拍摄风景时，拉镜头可以展示出更加恢宏大气的画面，给人一种心旷神怡的感觉，比如从海面上的一个漂流瓶拉远到整个海面。同理，在拍摄人物时，拉远镜头可以看到人物与场景的关系，比如老公笑眯眯地看着镜头，拉远后看到他原来在偷藏私房钱，这样也能增强戏剧效果。另外，拉镜头通常用于视频结尾，比如拍摄一个人站在路边，镜头拉开，可见车流涌动，主角变得越来越渺小，淹没在车水马龙之中，镜头语言深沉，给人一种意犹未尽之感，能够让主题升华。

第三，摇镜头。

摇镜头是指在被摄物体不变的情况下，让拍摄器材做上下、左右、旋转等动作变化，从而展示出被摄物体和场景的关系。比如老板失魂落魄地站在路边，上摇镜头后可见他的店铺牌匾被砸坏了，这就用镜头语言解释了他情绪低落的原因。同理，在拍摄景物时，旋转镜头可以展示出立体画面，比如拍摄一棵百年古树，旋转拍摄就能让人看清它的树干有多么粗壮，从而给人震撼之感。另外在推广类视频中，为了产生营销效果，也会用上下、左右摇动拍摄的方式展示产品，比如360°无死角地拍摄一部手机，展示其款式、色彩和精美的做工，能够刺激消费者的购买欲望。

第四，移镜头。

移镜头是指水平方向进行拍摄，会产生一种强烈的运动感。比如我们在观看运动会比赛时，镜头就会通过水平移动展示运动员健步如飞的动态美。拍摄扫街视频时，通过镜头水平移动就可以展示出一条热闹的商业街的全景，起到直观展示的作用。另外，移动拍摄还能提高视频的意境感，比如从人物移动到不远处的湖泊，画面就显得十分唯美。不过，鉴于短视频多以竖屏为主，所以移镜头更加适合横屏视频。

第五，跟镜头。

跟镜头也叫扫摇镜头，是指从一个被摄物体甩向另一个被摄物体，在甩动之间会有抖动的效果，可以表现出急剧的情节变化，也可以作为一种转场方式。比如，两个人在激烈地争吵，拍摄完一个人的吐槽之后，镜头甩向另一边，切换到另一个人的唾沫横飞，这种表现力就比单纯的切换镜头更有感觉。另外，跟镜头也可以作为跟踪拍摄的手法，模拟人的主观视角，在抖动、摇晃的状态下跟踪被摄物体，能够增强现场感。探险类的视频就很适合采用跟踪镜头，一点一点地从洞穴口走向深处，能够给人连贯、身临其境的感觉。

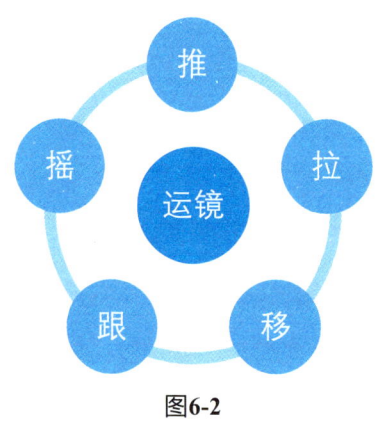

图6-2

以上五种运镜技巧是比较常见的，它们通常都要组合使用，才能让镜头语言更加丰富，也能避免人们的审美疲劳。当然这要和你的视频类型相匹配，不要随意滥用，否则就会给观看者不明所以的感觉。

掌握了运镜技巧只是掌握了一项技能，我们还需要掌握另外一项技能让镜头之间的衔接更加自然并且具有戏剧感，这就涉及了转场的技巧。很多新人在拍摄时很用心，单独看每个镜头都是令人满意的，可是一旦组合在一起就会变得非常别扭，这是因为转场方式太过生硬或者诡异造成的。下面，我们就分享五种常见易学的转场技巧。

第一，相似物体转场。

这是短视频中最常见的一种转场方式，拍摄时镜头需要固定不变，保持相同的构图画面，然后拍摄主体。主体是移动的，方向速度不限，但要和转场后的主体保持一致，这个可以在后期剪辑时进行微调。如拍摄一对情侣从相遇到相爱再到走进婚姻殿堂的场景，就可以拍摄三组镜头：（1）情侣初见时有些尴尬地并排走着；（2）情侣热恋时手牵手走着；（3）情侣穿上结婚礼服庄重地走着。将这三组镜头剪辑在一起，就变成了一幅生动的恋爱进化史。

第二，遮黑镜头转场。

这也是一种常见的转场方式，先拍摄A物体然后将镜头遮黑，再拍摄B物体，这样经过剪辑之后就产生了一种变化效果。如先拍摄白天办公室人们忙碌的镜头，遮挡后再拍摄晚上下班后空荡荡的办公室，这就完成了时间线上的变化。再比如，拍摄人物时，手伸向镜头然后画面被遮挡，再放下手时人物已经化好了妆、换上了新衣服，这就实现了人物的状态变化。

另外，遮挡镜头转场和遮黑镜头转场类似，是借助一个遮挡物完成物体或者场景的转换。比如主角站在路边，一辆汽车经过将画面遮挡，等到汽车开走后已经变成了天黑，主角坐在路边喝着闷酒，这样就完成了时间线和人物状态的转换。

第三，淡入淡出转场。

这是一种在影视剧中常见的转场方式，即上一个镜头的画面由明转暗直至黑场，下一个镜头的画面由暗转明，可以中断观看者的思路然后切入新场景。和遮挡镜头转场相比，这是一种节奏较慢的方式，并不适合节奏较快的短视频类型，但是能够更好地表达人物的情绪和内容主题。如拍摄一个应聘失败的求职者坐在路边，画面转黑后又转明，此时求职者已经进入了工地汗流浃背地干活，这就能很好地表现出人物的心理、状态的变化。

第四，叠化转场。

叠化转场指的是前一个镜头慢慢淡出和下一个镜头慢慢出现，二者存在一个叠化的过程，主要是展示时间的推移和变化，会给观看者柔和、舒缓的感觉。如拍摄农贸市场的时候，直接从摊位A切换到摊位B比较生硬，但如果运用叠化，就会产生过渡效果，因为两个摊位在形态上是相近的，这种叠化就显得比较自然。但如果叠化的对象是你身边的同伴，那就显得很诡异了。

第五，主观镜头转场。

主观镜头转场是指借助人物的视角方向进行被摄物体的变化，即上一个镜头是被摄主体看向某个物体，下一个镜头就转到被摄主体观看到的画面，它能够充分调动观看者的好奇心，因为以人的感官为参照，能够让画面转换更加合理、自然。如主角走在小巷里，忽然背后响起脚步声，主角慌忙转身看向身后，下一个镜头切到主角看到的歹徒，这种转场就很有戏剧表现力。

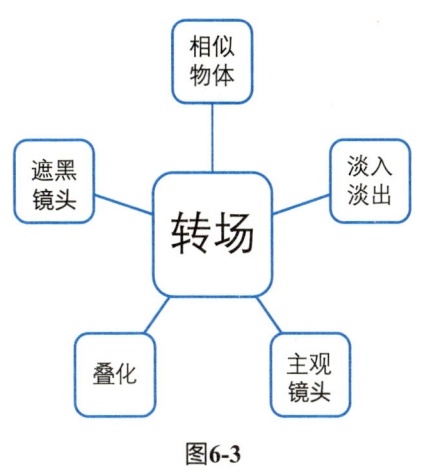

图6-3

　　转场技巧还有很多，我们只要掌握一些常见的、适合短视频的即可。需要注意的是，无论是运镜还是转场，都要从视频类型出发，不要学会几招以后就滥用，也不能偷懒完全不用。虽然它们不会从根本上提高你的视频质量，却能做到锦上添花，让拍摄的作品更加具有画面张力，能够在黄金三秒充分吸引用户留下来。有了镜头的加分，更有机会做好高价值内容的输出。

服装、道具和场景的妙用

准备好了拍摄器材，也学会了基本的运镜技巧，可能就要跃跃欲试准备拍摄了，别着急，你还需要了解三样东西：服装、道具和场景。

不管你的视频类型是什么，总离不开这三样。可能你会说，自己平时穿什么、在哪里工作和生活，就以什么方式出镜，至于道具也是可有可无或者随手拿来就用。当然，这种质朴到极致的拍摄模式也不是不行，但是必然会在画面上让你损失一部分流量，因为你已经在细节上先输一招了。

想要提供给用户良好的观看体验，这三样未必要做到极致，但至少要达到中规中矩，毕竟在抖音平台上追求精致感和时尚感的用户很多，我们不能完全用乡村小咖秀的那种方式吸引用户。

下面，我们就这三样来进行一下技巧分享。

第一，服装。

俗话说，人靠衣装。你可以不是天生丽质的美女，也可以不是阳光帅气的"小鲜肉"，但是至少要保证出镜时穿着整洁、得体，这样才能给用户良好的观感。毕竟，你很难在十几秒甚至更短的时间内用"内涵"来让人们记住你，只能通过外表争取人们的第一印象。

短视频出镜的服装选择，需要考虑三个因素。

1.与身材、气质匹配

这属于服装搭配的基本技巧，比如脸型瘦小的不要搭配大翻领的衣服，这样会让脸显得更小，而方脸型的可以选择V字领的衣服，这样会让脖子显得更加修长。之所以强调脸型，是因为很多视频如口播类，出镜的主要部分就是脸和上半身，所以要注意和脸型、身材的搭配。这方面无法给出统一的意见，要根据个人不同的情况来具体分析，如果你对穿搭不是很在行，可以请教身边懂行的朋友或者去网上学习。

2.与主题匹配

这是要讲的重点，视频类型决定了我们要穿什么样的衣服。比如你是做诗词分析的，那就要搭配古风的服装，唐装、汉服都可以；如果你是做金融分析的，那最好是西装出镜；而如果你有从医背景，那么穿白大褂更能给人专业感和安全感；如果你是做儿童早教的，那么穿搭得活泼、亲切一些更容易让人接受。总之，和视频主题搭配的服装会是你的加分项。

3.服装选购

除去时尚感较强的视频类型，如穿搭、美妆等，大部分的视频其实不要求博主每次都换新衣服，所以购买两三套符合视频主题的服装即可。需要注意的是，挑选服装时，一定要以内容创作者的视角去挑选，而不能全凭个人喜好或者习惯，毕竟生活中的你和视频中的你对服装的需求是不同的。如果面对两款服装犹豫不决，那可以在试穿时用手机记录自己的形象，然后对比一下播出效果，通常就有了决策的依据了。

如果账号定位就是要展示不同的服装，比如讲职场礼仪的，那么衣服过于单调就不太匹配账号定位，但是购买太多的衣服又会增加预算，那么你可以通过租借的方式，这样能节省一笔开支。当然如果你能找到合作的服装店铺是最好的，既解决了装备问题，又获得了变现渠道。

在选购了自己认为适合的服装以后，还要了解一下用户的反馈，在评论区问大家"今天出镜的衣服怎么样?"，用户的回复就代表大家是否认同和喜欢了。如果发现用户对新服装好感度不高，就要重新选择，尽快适配账号定位并巩固人设形象。

如果是拍摄故事类的视频，服装就要根据脚本内容来决定，尽量选择符合角色形象、年龄、职业和身份的服装。一个游手好闲的角色穿着会比较随意，而一个久经职场历练的高管必然是得体正装，总之就是不要让用户产生出戏的感觉。千万不能为了节约成本而随意为演员选择服饰，否则会直接毁掉一条视频的代入感。

第二，道具。

一般来说，口播类的视频需要一些仿真树、仿真花、书本以及一些小摆件丰富画面的观感，尽量不要让画面显得太过空旷。比如博主坐在桌子后面，背景是洁白的墙壁，桌上只放着纸笔，这样的画面就显得缺乏生活气息，一看就是临时拼凑的，很难让用户有继续观看的兴趣。当然，也不能为了填充画面弄出一堆道具喧宾夺主，可以参考同类型账号。

如果账号定位是军事科技，可以在桌上摆放飞机或者坦克的模型，外加一个地球仪和基本军事领域的著作。如果是做亲子类的视频，摆上几本教育类的书籍和教具、玩具，也是匹配视频主题的。总之，多看多想多学，别让自己输在细节上，就很容易找到正确选项。

如果你是做直播类的博主，除了上述提到的装饰性道具之外，还要准备和营销相关的道具，比如产品样品、资质证书、品牌logo以及写满产品优势的白板等，要营造一种浓厚的商业氛围，不要让用户产生草台班子的感觉。

如果是拍摄故事类视频的，那么道具和服装一样，都要根据脚本设定来选择。需要说明的是，如果你的剧情风格是走精致路线的，比如服装是真名牌，那道具质量也一定要过关，否则就会产生严重的违和感。但如果你是走纯搞笑路线的，画面质感非常接地气甚至无厘头，那么道具反而没必要追求质量，比如有些搞笑段子用红得泛光的道具砖头出镜，虽然看上去很假，但是用这种粗劣道具表演互殴的桥段反而更显出喜感，这就是匹配度的问题，并没有绝对统一的标准。

第三，场景。

很多新人受成本限制，在家中拍摄的居多，那么就要整理出一个干净、整洁、美观的环境，不必制造奢华感，只要保持一定的美观度即可。需要注意的是，场景要和人设符合，如果你打造的是一个股票分析师的形象，那肯定不能在沙发上摆放着各种可爱的公仔；而如果你是美妆博主，背景是一排书架也显得不够匹配。总之场景要衬托和强化你的人设和视频主题，这样才能强化个人品牌特征。

如果你是在室外拍摄的，就要选择光线明亮、观感舒适的场景，比如你是探店博主，那可以选择餐厅大堂或者有绿植背景的角落，美食和美景同时出镜。而如果你是扫街博主，那可以选择公园、步行街等具有地标的场地。切记不要让背景中出现公共厕所等画风违和的建筑，那会影响用户的观看体验。

如果是拍摄故事类的视频，场景除了要根据脚本设定之外，也要注意掌控度的问题，比如在大街上拍摄，就可能有路人入镜或者车辆干扰，和角色抢戏，而如果这段情节在室内发生同样合理的话，那就不要设置外景，无谓增加拍摄的不可控性。如果拍摄场景是某些特定场所，比如医院、宾馆等，一定要事先和场地方打好招呼，避免因为协调问题影响拍摄进度。

一条内容优质、画面出众的视频，都会在服装、道具和场景上有加分项，你可以根据账号定位来选择一个发力点，让你的视频具有鲜明的特色，只需要播出三秒钟，用户就能知道来自你的账号。当你做到这一步的时候就意味着迈上了一级成功的台阶。

剪辑软件的选择

　　"工欲善其事，必先利其器。"顺利完成了短视频的拍摄工作之后，下一步要做的就是视频剪辑了。虽然现在市面上有很多剪辑类的软件，但并非每一款都适合你。特别是对于没有剪辑基础的新手来说，一款易学易懂的软件不仅能降低门槛，还能帮助你提升工作效率，让内容生产进入专业化、简单化和效率化的良性循环。下面，我们就来分享以下几款对新手友好的剪辑软件。

　　第一，PR。

　　只要是从事视频剪辑工作的，就没有不知道PR的，它是行业中普及率最高也是利用率最高的软件，由Adobe公司推出，是一款十分常用的视频编辑软件。它编辑的画面质量比较好，兼容性很强，适合发布于不同的视频平台。如果你想去应聘短视频运营工作，很多面试官都会问你是不是会使用PR，可见其重要性。作为一款专业的剪辑软件，PR支持各种格式的素材，运行过程中安全稳定，虽然想要学到高阶并不容易（尤其是特效部分），但是一般的视频剪辑还是非常容易上手的。毕竟短视频也没必要弄过于花哨的后期特效，只需要顺畅丝滑地把碎片化的视频内容拼接在一起，加上一些转场效果就差不多了。

至于如何学习PR，网络上有大量的教学视频，而且都是免费的，内容详细，适合入门，你只需要学习最应该掌握的基础剪辑技巧即可。而且当你学会了PR的入门操作之后，以后制作长视频也同样有用武之地。

第二，AE。

AE相当于是PR的进阶版，主要是用于图形和视频设计与处理，是典型的后期处理软件，很多动画制作公司、海报宣传视频设计公司都会经常用到。AE的最大优势是制作各种文字、光效、合成、动画等奇妙的影像效果，让你的视频瞬间变身为"好莱坞大片"。同样，网络上也有大量的AE教学视频，只要你有耐心，不断实践，学习一点入门技能还是没什么困难的。当然，如果你的账号定位并不需要华丽的后期效果，就不必耗费时间去学习；反之，如果和你同类型的视频都拥有不错的后期处理，那么你恐怕就要跟上垂直领域的潮流了。

第三，EDIUS。

EDIUS是专为广播和后期制作环境设计的软件，它拥有完善的基于文件的工作流程，支持所有DV、HDV摄像机和录像机。如果想做纪录片、纪实类的视频，那么EDIUS比较符合需求，但如果没有这方面的考虑，还是选择PR更加适合。

第四，Final Cut Pro。

如果你用苹果电脑，那么Final Cut Pro也是不错的选择，它是苹果公司开发的一款专业视频非线性编辑软件，具有导入并组织媒体、编辑、添加效果、改善音效等多种功能，能够满足短视频的大部分剪辑需求。苹果生态系统的剪辑软件在业内很受欢迎，是很多自媒体人的首选。

第五，会声会影。

和PR、AE相比，会声会影是相对简单的入门剪辑软件，操作是面向"小白"的，它主要具备了图像抓取、编辑修复等功能，在转换MV、DV、TV等视频画面时都比较流畅，而且也提供了上百种视频转场特效、视频滤镜及标题样式，也就是说为你准备了直接套用的模板，帮助你制作出更加生动的影片效果。如果你的视频类型对后期剪辑要求不高，使用这种入门软件是明智的选择，毕竟学习成本较低。

第六，爱剪辑。

爱剪辑是针对国内用户使用习惯和功能需求而开发的软件，上手难度低，让每个新手都能成为一名业余的剪辑师，让你在不了解剪辑专业词汇的前提下就能上手操作。它的剪辑设置方式也比较直观易懂，而且加入了不少人性化的创新亮点，基本上能做到"所见即所得"，对于精力有限的内容创作者来说能节约不少时间。

第七，剪映。

剪映有电脑端和手机端两个平台，是目前使用率同样很高的视频剪辑软件。它能在手机上自如地操作，对于剪辑需求不高的用户来说天然友好，而且它是抖音官方推荐的短视频剪辑软件，功能十分全面，包含了视频同框、快速录屏等功能，软件内嵌了不少贴纸、特效、字体以及音乐素材，也能够同步抖音的热门视频模板和音乐库。我们常用的转场、倒放、画布和滤镜都一应俱全，使用非常方便。新人可以先从这款软件入手，直到认为它不能满足你的现有需求之后，再去尝试其他更加专业的剪辑软件。

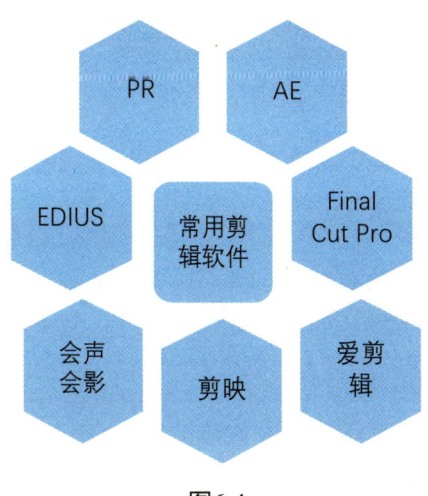

图6-4

　　总之，不论选择哪一款软件，都要用到剪辑、调色、字幕添加、转场、滤镜、输出等功能，你只要亲自剪辑2～3条视频就会了解整个流程。至于哪款软件更适合你，其实也是一个小马过河式的问题，你不妨选择2～3种软件尝试一下，这样才能了解你和它们的匹配度。

　　当然，手机端的软件主要是满足日常需求，操作方便且不需要携带其他设备，但是想要制作出专业、质感的视频，还是要在电脑端操作，这样不但视频质量会得到提高，未来更换播放平台的时候也能适用新的场景，让你掌握一门实用性强的工作技能。

加分还是减分：背景音乐的妙用

在制作短视频的过程中，如何选择配乐是让很多新手头疼的问题，因为配乐无法通过视频画面产生直接的关联，这就需要我们主动为画面注入最适合它的音乐。音乐虽然无形无影，却能起到加分或者减分的重要作用。原因很简单，和画风、主题完全不搭的配乐在受众听来是聒噪、刺耳的，他们会直接划走，所以如何巧妙使用配乐是一个"技术活"。下面，我们就来分享一下选择配乐的技巧。

第一，和视频的节奏搭配。

配乐的种类很多，没有最好的，只有最适合的。就短视频而言，配乐要和画面节奏相匹配，才能让视频整体看上去更加和谐，也更有代入感。如果拍摄一组扫街的快切镜头，那配乐就要跟上人行动的脚步，产生一种脚步节奏搭配背景音乐的效果，就是人们俗称的"踩点"或者"卡点"（推荐去听听《Psycho》《Lutra》《没什么不同》等抖音常见的卡点流作品），这样就十分吸引人。同理，如果你拍摄的是美食文火慢炖的过程，那就不要用节奏过强的背景音乐，而是要选择轻快的、柔和的类型，用背景音乐的"线性变化"来展示美食的烹制进度。

至于配乐是否和画面搭配，你要多回放几遍，以受众的视角审视，也可以让团队成员或者身边的亲朋好友提意见，就能大致判断背景音乐是否能加分。等到你产生专业的审美之后，就不用每一条都让别人审查了。

第二，和视频的感情基调搭配。

在选用配乐之前，要首先弄清本条视频的主题是什么，是积极向上的还是温情感人的，是节奏明快的还是沉重压抑的。了解了主题才能把握情绪的基调，即受众在观看这条视频时的情绪反应，然后选择与感情基调搭配的背景音乐。比如制作风景类的视频，配乐通常都是舒缓的、慢节奏的；而如果是知识分享类型的，就避免使用节奏感太强的配乐，否则会打乱受众的思路。

第三，和受众的偏好相搭配。

不同的受众群体也有着不同的音乐偏好，比如男性受众，通常会喜欢激烈的、热血的视频，特别是做游戏解说、军事分析类型的视频，一般受众都想要"燃爆了""血液沸腾了"这种音乐，过于轻柔悠长的配乐不仅和主题不搭调，也不会被多数受众接受。同理，如果是做母婴用品的视频，受众多是怀孕待产的宝妈，她们可能更喜欢胎教音乐，比如《维也纳森林的故事》《田园》等，过于喧嚣的音乐必然会影响她们的情绪。

如果你实在不确定受众偏好的音乐类型，也可以在评论区公开询问，这样并不会让你显得卑微，反而会博得粉丝的好感，有时候几句询问超过自己费心揣摩。

第四，和播出效果互相成就。

用得恰当的背景音乐可以增加视频的感染力，但用得不恰当的背景音乐则会降低视频的质量，比如声音过大或者有大量歌词的配乐，特别是歌曲本身出色到让受众分心的话，就可能转移受众的注意力，或者让视频中的台词听不清楚。因此最好选择纯音乐或者控制出现的时长，避免喧宾夺主，专注服务内容的背景音乐才是好的背景音乐。

第五，配乐轻易不中断。

虽然配乐是服务于画面的，但是和传统视频相比，短视频的配乐几乎是和画面同步播出的，有的以声音作为先导。这是因为短视频受时长限制，画面能够表达的感情、信息是有限的，无法像长视频那样通过结构上的起承转合娓娓道来，这时候配乐就能发挥强力辅助的作用，用音效去补足画面展现不到的地方。拍摄一段试驾越野车的视频，如果在汽车发动起来之后再配乐，那这空白的几秒就会丧失吸引力，必须在受众点开之后，燃爆的配乐就响起，瞬间调动人们的情绪，接下来配乐要卡点开车门、发动、踩油门、转向、急刹等动作，帮助画面讲完一段人和车的故事。

第六，学会用配乐讲故事。

配乐是拯救画面的利器，一段本身并不算出彩的视频加上合适的配乐，瞬间就能提升观感，让受众了解视频承载的信息。比如有博主只拍摄了猫咪的画面没有任何台词，但是因为配乐用得好，让视频变成了生动有趣的段子。新人可以多看同类作品来掌握其中的技巧。

第七，用声效强化画面特效。

抖音经常会推出一些好玩的道具产品，如"在逃公主""歪嘴一笑"等，结合真人出镜会营造一种表情包的喜剧效果。但如果只是单纯展示，那就缺少表现力，如果我们使用了合适的背景音乐，就能瞬间提升视频的感染力。曾经热门的《手指开枪舞》，有人就结合表情道具和电子音乐《Call of the ambulance》，模拟子弹上膛、开火的声音，看上去就非常炫酷逼真，自然就能吸引流量。

第八，不要盲目选择热门的背景音乐。

新人的误区之一就是什么背景音乐火就用什么，这就忽视了视频类型的差异，有的段子类的视频可以用搞笑的配乐，但会计考试的视频就不适合这种，只有找同类型账号的火爆背景音乐才有参考价值，强行搭配只会适得其反。

第九，注意版权纠纷。

现在是知识产权保护时代，音乐版权又是一个极易踩雷的区域，只要在版权期限内的音乐作品，都是需要购买版权或者经过创作者同意的。也有一些免费的背景音乐，可以去一些专门提供下载的背景音乐网站下载。但不要抱着侥幸心理，认为有人没买版权下载也没人管。

第十，轻音乐容错率最高。

如果实在不会选用配乐，那么使用轻音乐是最好的选择，因为它的包容度较高，情感色彩比较淡，也不会喧宾夺主。即使不会成为加分项，也不会成为减分项，是一种保底的万能背景音乐。

配乐的搭配技巧不是一天能练成的，需要在观看大量优质的短视频作品之后找到一种"感觉"，这种感觉属于快节奏、高信息量和低注意力的时代，只有吃透了这些规律和法则并结合账号定位，才能慢慢摸索到其中的门道，从"小白"成长为一名"配乐大师"。

打造素材库

制作一条质量上乘的短视频，不仅需要有合适的工具，更需要有存货丰富的素材库，里面可以储存构思创意、画面特效、声音配乐等素材。当你灵感枯竭的时候，它能够为你提供破局的思路；当你灵感爆发的时候，它能够成为最强辅助。

很多新人并不重视素材库的建立，他们想的是拍一条，构思一条，随拍随想即可，但短视频的拍摄与制作需要持续上传，一旦中间"断更"或者视频质量降低，就可能损失粉丝和流量。素材库就会在你因创意少、制作速度跟不上而影响视频更新的时候派上大用场。下面，我们就来分享一下短视频素材库的搭建。

短视频素材库的搭建思路是，根据视频类型划分出需要的所有素材，不要手懒，一定要列出一个清晰的大纲，这样才能知道自己需要搜集哪些素材。为了方便理解，我们以服装选购类视频为例。

第一，内容素材。

内容素材就是构思创意，是对视频主题的整体规划，比如要向受众讲述哪些话题、传授什么类型的知识等，通常这些由受众的需求、关注点等因素来决定。比如服装高中低不同档次的价格、搭配、购买渠道、流行趋势……这就是一级目录的划分。

在有了一级目录的划分之后，对未来要制作的视频内容就有一个大致的方向了，但是依然不够细致，需要对每一个板块进行再细分，于是就产生了二级目录。以服装搭配这个板块为例，可以细分为：不同身材的服装选择、不同脸型的服装选择、不同场合的服装选择、不同年龄段的服装选择……这样一来，会发现自己要做的内容素材越来越多了，按照大纲连续制作十几条视频一点问题都没有。

在二级目录之下，还可以细化出三级目录，比如关于不同身材的服装选择，就可以分为偏胖型、丰满型、标准型、较瘦型等，每个分类都可以单独出一条视频，这样你会发现可做的内容越来越丰富了。

除此之外，还要收集一些创意亮点以作备用，它可以是你在工作和生活中产生的灵感，也可以是观摩同类型视频的学习心得，比如有些服装穿搭视频会用错误穿搭和正确穿搭横屏对比的方式让人一目了然，也有用身体不变服装快速切换的简单特效展示效果的，这些都可以作为内容创意，当然，有能力原创更好。

第二，视频素材。

在列好了内容素材的大纲之后，接下来就可以做视频素材的积累了，为了方便理解，还是以服装选购视频为例。当然，视频素材是根据内容素材衍生的，比如在服装购买渠道这个一级目录中，可以分为线上和线下两大板块。线上购买就是各大电商平台等网店信息，可以专门收集一些不涉及广告嫌疑的录屏或者截图，这样在为受众讲解时就清晰明了。而线下购买就是实体店铺，可以专门拍摄一些城市综合体、连锁卖场、超市以及品牌专营店的视频和截图（注意要避免广告嫌疑，必要时可对标志打码处理）。不要怕麻烦懒得收集这些素材，有了它们受众在观看时才不会感觉单调无聊，而且有了实地的产品展示和价格标签，会让你的选购指南更有说服力。

视频素材不是只为了内容素材而服务的，还要收集一些增强画面效果或者表达效果的素材，比如在讲到服装搭配时可以展示一个三维人体模型，再比如为了增强表达效果收集一些动态的表情包（用于吐槽某些人错误的、尴尬的穿搭观念等），这样你在制作视频的时候就能顺手拿过来使用，而不必打断思路临时去寻找。除此之外，还可以收集行业相关的视频素材，比如国际各大服装走秀现场片段、名人经典穿搭等，这些都可以应用在视频中，提高视频质量，扩充有价值信息的含量，让受众升级为粉丝，提高在同类型账号中的地位。

第三，声音素材。

服装行业属于时尚前卫领域，所以配乐一定要有节奏感，电子乐器、混声效果，这些都能强化视频的感染力。这方面只要多看看服装秀现场就能获得不少启发。当然这也要看细分领域，如果你是专注做汉服选购的，那用现代音乐可能就不太适合，反而是悠长深邃的古风配乐更适合，这些必须要结合内容素材来确定收集方向。

和视频素材一样，除了表达主题的音乐之外，还要收集一些增强表达效果的，比如表达情绪的音效：尴尬的乌鸦配乐、暴击的锤子音效、开心的大笑……在你向大家科普知识的时候适当加入会提高观赏性。如果不确定怎么使用，最简单的办法还是从同类账号中找灵感。

需要注意的是，无论是搜集视频素材还是声音素材，都不要局限于抖音平台，可以多去快手、抖音火山、视频号等其他平台看看，不要担心会出现"水土不服"的情况，实际上抖音就有从知乎、快手借鉴的创意。切记一条：有时候模仿竞品平台的头部可能会成为本地平台的腰部，你利用的就是信息不对称，毕竟不是所有用户都会全平台浏览，当然，这里所说的是有改动的借鉴，不是纯粹的抄袭。

第四，文案素材。

文案素材就是那些流行的金句，可能是源于网上的段子，比如"服装的价格，像风像雨又像雾，没有最低，只有更低，没有最高，只有更高"。也可以是某位行业大师的名言，比如香奈儿的"我不塑造时尚，我就是时尚"。或者是某个品牌的宣传语，比如拉夫·劳伦的"我设计的不是服装，我设计的是梦想"。这些文案可以应用在你的脚本中，让你的语言表达更有魅力，你甚至可以原创一句不断地重复，用来强化你"服装导师"的人设。

素材收集完并不意味着万事大吉了，如果你只是右键另存为或者网盘打包下载，那只是完成了基本的数据保存，你还要对这些素材进行分类，有些可能已过时，要及时清除，比如某个背景音乐被无数账号用过，这时你再使用就可能引起受众的反感，同样，你可能找到了清晰度更高的素材，就要把不够清晰的删掉。所以素材收集只是第一步，素材管理才是决定成败的关键，这不是仅靠三分钟热度就能完成的，它是一项循序渐进、长期积累的工作，你对自己的视频类型是发自内心地喜爱，才有坚持下去的原动力。

后台篇：你的数据反馈了什么

第七章

如何查看账号数据

在大数据时代，任何一个运营者都要具备一定的数据分析能力，抖音平台上的内容创作者也不例外。任何一条短视频的爆火、任何一个账号的走红，都和市场、用户的特定需求和兴趣点有着密不可分的关系。作为短视频博主不仅要提高内容质量，也要进行日常的数据分析，通过信息反馈了解自己的账号运营情况，及时调整视频内容和运营策略，同时也要掌握平台的政策和方向，为打造爆款做好充分的准备。

现在有很多短视频的数据分析软件和平台，下面我介绍几款常用的、易操作的，供大家参考。

第一，抖大大。

论专业性和适配度，抖大大是非常适合抖音玩家查询数据的，因为它是专门针对抖音多数据分析服务的。在抖大大上，创作者可以添加自己运营的抖音账号，随时了解多个账号的点赞和粉丝变化。

在操作界面上，抖大大也很人性化，数据工作台分为左侧和顶部的导航栏以及中间的日常信息展示区三个部分，其中导航栏是抖大大的指南针，新手可以通过它快速了解基本操作，同时访问更多详细的视频数据；中间部分则清晰明了地展示一些重要数据。此外一些功能板块也布局合理，比如运营账号监测方便创作者随时了解多个账号的点赞与粉丝变化，监测数据大盘能够展示同类视频的相关数据，方便创作者进行横向对比；服务支持与资讯能够让使用者了解行业最新资讯以及抖大大的产品升级通告；热点内容汇总展示当日涨粉最多的账号、一天最火的视频和一周最火的音乐，帮助创作者了解平台的潮流风向，让内容创作者随时随地蹭热度，这是对新人非常友好也非常实用的功能。

第二，抖查查。

抖查查也是专门针对抖音平台进行视频数据监测和分析的平台，用户可以在这里通过直白清晰的数据图表来了解最近抖音热门视频的内容规律，等于有一个小助手帮你进行了热点分析，能够提高创作者账号运营的效率。抖查查的功能板块主要包括创意洞察、抖音排行榜、数据分析三大部分总计九大功能，其中创意洞察的功能十分贴心，涵盖了飙升视频、热门音乐、热门话题等内容，一方面为用户提供了各类最新热门视频、热门音乐资源及热点话题，让创作者便于了解热点和蹭热点，将抖音最近的流行内容融入自己的创作中，成为一个无所不懂的"梗王"。

第三，飞瓜数据。

飞瓜数据是专业的短视频数据分析平台，并非专门针对抖音的，而是面向所有主流短视频平台，如果你采取多平台战略布局，这类平台是必不可少的。飞瓜数据整体上功能齐全，可以对单个抖音号进行数据查询和数据管理，让你最快了解账号的日常运营情况，同时也能对单个视频进行数据追踪，比如你自认为最好的一条视频，通过追踪就能知道它的传播情况如何、是否有成为爆款的征兆。另外，飞瓜数据也能帮你了解热门视频、热门音乐、热门博主以及热门带货等信息，是全平台运营者值得使用的数据分析工具。需要注意的是，它的一些数据查询和分析需要收费，低成本运营的创作者要考虑预算。

第四，66榜。

66榜也是一款垂直抖音平台的数据分析软件，包含了热门视频、热门话题、热门音乐等榜单，数据真实可靠，尤其是热门带货数据查询功能强大，能够按照分类查询到详细数据，帮助你了解直播带货的门道。66榜提供的数据监测功能，可以通过添加抖音账号、视频或商品监控进行实时监测，用户能够在自己选定的时间内查看各种数据变化和趋势图、数据表，直观清晰。

第五，卡思数据。

卡思数据是面向全网视频进行数据分析的开放平台，同样适合全平台运营的创作者，其中值得一提的功能是MCN（多频道网络）管理，该板块是卡思数据为MCN机构提供的红人管理工具，支持认领各大短视频平台的大V以及新浪的微博红人，获得认领后能够随时查看红人的各项运营数据，比如涨粉率等视频数据变化，方便机构了解红人的发展潜力和缺陷，从而调整运营策略，进行科学化的管理。此外，其他功能板块也和同类平台相差无几，如热门视频、热门音乐、热门话题等。总的来说，卡思数据还是基于分析红人数据表现的平台，更适合团队运营账号、雇佣红人出镜带货的创作者。

第六，TooBigData。

TooBigData是面向全网的数据分析平台，功能丰富，汇集了很多抖音的实用数据功能，比如行业最新资讯、抖音官方平台链接、热门商品、账号诊断等。对于一般用户来说，TooBigData的功能足够满足日常需求，而且绝大部分的数据是能免费查看的，比如抖音热门带货数据能够免费查看到TOP100，预算有限的新手可以找来使用体验。

第七，乐观数据。

乐观数据通过数据挖掘和分析能力，帮助用户快速追踪热门视频和热门音乐，方便再创作内容时提供前沿信息参考，了解用户的偏好和兴趣，24小时都能查到热点，不会因为信息滞后而慢竞品一拍。在操作方面比较人性化，可以将垂直领域、点赞数等信息作为筛选的切入点，让创作者更好地了解行业生态。

第八，巨量算数。

巨量算数在数据分析方面专业性很强，主打内容消费趋势分析，涵盖了抖音、西瓜视频等以内容消费场景为依托的平台，方便创作者了解内容变化趋势、研究行业风向以及广告策略。值得一提的是，巨量算数开放了算数指数、算数榜单、抖音垂类等数据分析工具，功能非常实用，不仅面向创作者，也面向品牌主和营销从业者。比如，你想查询抖音各榜单数据，就可以通过算数榜单查看，它按照热度进行排名并给出了相关的数据分析。另外，通过算数指数还能查看关键词的热度指数，从而探究热词背后的关联和逻辑，对用户进行画像分析，帮助创作者把控内容创作的角度。

关于数据查询的平台和软件还有很多，以上列举的其实足够大部分创作者日常运营了。选择这些数据分析平台主要考虑两个方面：一是时效性，要能最快地追踪到数据，因为有些热点一旦错过高热阶段再追就没有流量了；二是分析的全面型，数据越丰富，我们获得的信息就越多，作出的判断和决策也就越不容易出错。

数据分析虽然属于账号运营的范畴，但是也能反映出内容创作的最终表现，所以无论是个人运营还是团队运营，都不要将数据和内容完全割裂，而是要形成反馈机制，让内容产出优秀的数据，让数据信息复盘内容的不足，这对每一位抖音博主来说都是经营账号的必要操作，切不可因为懒惰而疏于关注，它关系到你的付出和投入是否在正确的轨道上。

通过搜索与测试优化内容

账号在持续发布视频之后，会呈现出或优质或普通的表现，这就需要主动搜索和查看数据以了解自己的真实情况，通常有两种方式。

第一，人工搜索。

一般来说，最好是借用别人的账号来搜索自己的账号，这样看到的数据表现会更加真实，而且还能了解自己是否被限流，比如搜索不到自己的账号ID，那就是权重出现了问题。

第二，通过创作者服务中心搜索。

前面介绍过这个板块，里面有一个账号搜索量选项，它指的是账号被搜索的次数，这个计数是按照完整账号名搜索才视作一次搜索，也就是如果用户是用模糊搜索（只输入了部分ID名称）

找到你的，是不计入次数的，这从侧面说明你的个人IP还不够响亮，搜索量越大说明账号越火。

搜索账号之后，很多人会发出疑问：明明自己也发布了一些看起来还不错的视频，可是数据（如浏览量、点赞数等）表现却不够理想，甚至平台都不会主动推荐，这是什么原因呢？其实这既和前期的养号有关，也和后续的运营有关，遇到这种情况也不要慌张，可以采取一些优化手段和补救措施，以得到平台和算法的重视。

一般来说，数据表现不理想通常由三个原因造成。

第一，发布的视频内容不被用户喜欢。

不管在哪个平台，内容不够有诚意的视频都是会被用户忽视的，这就要归结为内容创作出现了问题。如何理解诚意？简单说就是你的卖力程度。以古代社会打把式卖艺为例，即便围观的群众不懂武术，但是卖艺者汗流浃背、花样繁多，就是诚意的表现，会让观众觉得自己没有白看，表演者付出了一定的劳动。同理，任何类型的视频都要给用户这种感觉。比如你做学习分享视频，虽然洋洋洒洒列出了十几条，却都是大家都知道的"水货"，让人一看就是在网络上搜索的，这样自然不够有诚意；但如果你根据自己的学习心得从实践出发进行总结，那就是诚意满满，用户自然感受到了尊重。

或许有人会说，我刚刚发布作品的时候数据表现也很好，现在内容质量相同，为什么数据表现变差了？这也是诚意不足造成的问题吗？在初期，你的视频可能会被平台放进正常的流量池，曝光度较高，受众基数摆在那里，就让你原本存在的问题被屏蔽了，可是后期因为数据不理想，流量减少，你才发现自己被用户冷落了。

第二，视频缺少人气，互动指数不高。

当然，数据不佳也未必都是内容创作本身出了问题，也可能是标题和封面不够吸引人，用户连点进去的欲望都没有，自然就不会产生流量。对此，要找懂行的人帮你把把关，看看是否在细节上出现了问题，只有让你的作品有生气，你的账号才有人气。

没有人气的账号大多有一个特点，那就是评论区冷清，为此我们要学会"优化回复"，即多在评论区和粉丝互动（每天保持5～10条），对粉丝提出的有价值问题要积极回答且及时回复（三五天之后回复即便再认真也会降低好感度），尤其是视频中被指出的错误要积极正视，有些内容创作者过于重视内容本身，而忽视了和粉丝的交流，久而久之也会被大多数用户冷落，这是一定要改正的。另外，每当粉丝数量达到一个目标时，比如过千破万，就可以大方地在评论区搞一些诸如抽奖送福利的小活动，也可以引导大家"关注私信可得×××"，这些都能提高账号的活跃度。

第三，账号变成了问题账号。

问题账号就是养号工作没做好，虽然内容没问题，但是被平台看低了，情况严重时可能连账号都搜索不到，这就说明被平台限流了，遇到这种情况不要急着重新开号养号，要弄清症结所在，这样才能避免下一个账号重蹈覆辙。

分析症结先从养号法则开始，一条一条进行复盘，比如昵称是否有问题（没有显著的人设特点、不和垂直类型相关）、是否一机一卡一号、是否频繁修改信息、是否"营销味儿"过于严重（在个人主页留下联系方式等）、是否原创视频太少（大量的转发甚至是盗用）等。找到原因就积极改正，如果没有找到原因也不要着急，这里有两个小技巧或许可以帮你。

1.积极和平台互动

在发布新作品的时候，可以通过@抖音小助手或者@爆火账号，有概率增加你账号的推荐权重。

2.转发优质作品

在不涉及侵权的前提下，转发优质的作品也有概率帮你引流，带来新的点赞和评论，在相对较短的时间内恢复账号权重。需要注意的是，要转发同类型的热门视频，非垂直领域的优秀作品用处不大。

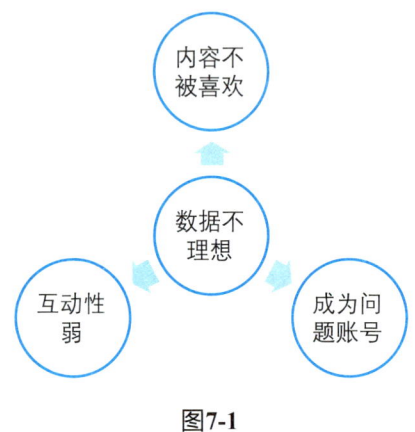

图7-1

优化抖音账号并不容易，要做好两手准备：一是别轻易放弃现有账号，多尝试一些补救措施；二是如果真的无法得到平台的认可，也只能重新开号。有人说，养号比拍摄视频还重要，虽然有一定的夸张成分，但是对于那些只专注创作而忽视运营的博主来说，忽略养号带来的后果可能是致命性的，所以要养成不定期搜索账号的习惯，由此判断账号是否处于正常状态，这是确保跻身大V的必要条件。

爆款潜质：点赞、评论和转发

每一个抖音博主，都渴望自己的账号成为大V，自己制作的视频成为爆款，但是在面对各种数据时却比较犯愁：我的成绩到底处于一个什么样的水平呢？我是否还有成为爆款的机会呢？下面就来分析一下成为爆款的潜质。

在这之前，大家要先走出一个认知误区：你的视频获得一个浏览，并不意味着就会获得一个点赞或者一条评论，甚至都不能确定这个浏览的用户是不是看完了视频，这需要通过一些公式来计算。

第一，点赞率。

用点赞量除以浏览量，这个公式计算出来的就是赞播比。如果这个数据能达到1%，就算是表现良好；而如果能达到3%，那就是相当不错的成绩了。通常抖音平台的推荐机制是，当作品达到3%～5%的赞播比时，会持续增加推荐量，让这条视频得到更多曝光的机会；反之，如果赞播比达不到这个数值，平台就不会进行推荐。当然，作为新人也不要将3%～5%当成自己奋斗的目标，因为这对很多账号来说不现实，在账号运营的初期，可以把1%～2%当成是首先要攻克的目标。

需要注意的是，赞播比不能作为衡量所有视频质量的标准，因为不同的账号定位，意味着受众群体的基数不同，有些冷门的视频类型比如硬核科普、宇宙科学之类的，很难达到较高的浏览量，赞播比可能达到1%就算是表现相当好了，这个需要横向和同类型视频进行比较。

有些博主对点赞不够重视，认为点赞不能增加任何收入，但其实点赞的数量越多，曝光度也就越高，相应获得的流量也在持续增加，说明平台对视频判定是友好的，这就是我们日后变现的基础。

第二，评论率。

评论数量不仅能反映一条视频的浏览量，也能体现出视频的话题度高不高，它是一个相对点赞来说比较复杂的数据。比如纯搞笑的视频，可能点赞数和浏览量都很高，但评论数并不高，因为这类视频通常没有什么话题感，而一条有争议的社会新闻视频下面评论数会更高，所以，要结合自己的视频类型来判断。

视频的评论量除以视频的总浏览量就是评论率。一般来说，评论率达到0.5%就是表现良好，达到1%就是相当不错了。评论率和点赞率不同，它的数据越高越能吸引人们打开评论区来阅读他人的评论，这是因为人们对热闹的评论区都存在一种"吃瓜"的好奇心，所以评论率越高，视频的爆款潜力就越大。

第三，转发率。

转发率是转发的次数除以浏览量，它是体现互动率的重要数据，转发率越高，越代表着一条视频具有宣传价值。一般来说，转发率超过0.5%就说明视频具备了爆款潜质。通过用户的转发，视频会获得平台推荐之外的曝光度，扩大流量来源。对平台来说，转发能够带来大量的稀缺流量，属于用户帮助平台宣传优秀作品、主动创造流量的行为，因此是被官方积极鼓励的。提高转发率，就能让创作者的账号和作品传播得更广，个人IP价值也会得到显著的提高，甚至可以从平台外部获得新的发展空间。

如果数据表现不理想，是不是就无法成为爆款了呢？实际上，还有咸鱼翻身的机会，前提是聚焦热门短视频的共性，分析它们是如何爆火的，将这些优势集中在自己身上，也有可能优化我们的数据表现。

第一，清晰定位垂直领域。

热门短视频第一个符合的条件就是定位清晰，这并不是简单地明确垂直领域，而是清楚账号的"核心价值"是什么，它指的是内容或者人设能让用户清楚感受到的东西。如服装类的短视频，核心价值不在于服装，而在于如何展示服装，用街头情景剧的方式或者后期特效展示服装，这就是核心价值，只有把它做到极致，才能既突出垂直领域又产生强烈的差异化。除此之外，核心价值还要学会迎合用户的情绪心理，比如服装对人来说既有穿着属性（如御寒、清凉等），也有社交属性（如礼仪、展示自信等），那人们在穿上一件衣服后，会有情绪上的变化，或者是自信满满地走入职场，或者是甜甜蜜蜜地赢得爱情，这种情绪价值也要内嵌到账号的核心价值当中，这样用户才能和你的账号深度绑定。

第二，挖掘潜在受众目标。

这里所说的受众目标，并不是简单地分析观看自己视频的是哪些人，而是包含了更深层次的意思，那就是找出"潜在受众"，也就是隐藏在视频中的第二受众。如一条关于母亲育儿的视频，表面上的受众是宝妈们，但潜在受众包含了宝爸们，他们既要了解妻子育儿的辛苦，也要掌握一定的育儿技巧，这就是很多用户在观看了自己喜欢的视频后会说"我要转给××看"的根本动力。没错，当视频中加入了潜在受众后，视频的转发率也就间接提高了，因为你刺激了粉丝向他们身边人扩大传播的欲望。为此，要养成一种习惯：一条给年轻人看的视频，能不能插入他们父母的故事呢？一条给学生看的视频，能不能写一些老师的故事呢……这样一来，你才真正明确了受众群体的阵营有多大。

第三，培养"死忠粉"。

"死忠粉"指的是在观看视频后第一时间帮你转发、扩散的粉丝，这是一股"星星之火，可以燎原"的强大力量，虽然在整体数量上不多，但执行力很强，是账号垂直的最忠实的粉丝，对个人IP的价值提升有着重要的推动作用。那么，如何寻找"死忠粉"呢？一般来说，账号初期运营就能关注并持续跟进的是"死忠粉"，后期账号做大后一直频繁发评论、互动积极性最高的也是"死忠粉"，当然也可以通过主动培养的方式聚集一批"死忠粉"，比如建群拉人。在社群建立后，哪些人最爱发言，哪些人就具备成为"死忠粉"的条件，然后再将这些人挑选出来，选出一个或者几个意见领袖，让他们帮你传播内容。当你和"死忠粉"群体建立起密切的合作关系后，你的视频就会被他们积极转发，曝光率直线上升，评论区热闹非凡，点赞数因为流量的增加跟着暴涨。

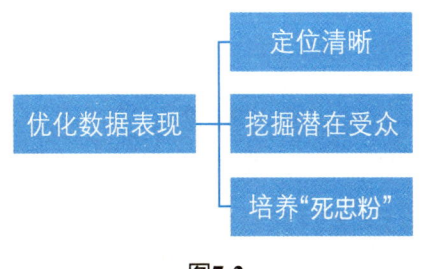

图7-2

当然，一条短视频能否成为爆款，有必然因素，也有偶然因素，或许有些热门的确是因为运气太好，但不要纠结于此，而是要把主要精力放在账号经营、内容创作、粉丝互动等方面，这样起码从内因上扫清了障碍，至于最终结果如何，我们还是要抱着乐观、平和的心态去面对。

完播率：用户为什么划走了

　　身为创作者，自然希望自己精心制作的视频被用户看完，然而实际上总会有人在中途退出，于是就有了完播率这个概念。

　　完播率指的是视频的播放完成率，它的计算公式是看完视频的用户除以点击观看使用的用户。从某种意义上讲，完播率比点赞数、评论数的价值还要高，因为点赞可能是曝光度高，评论可能是你会制造话题，但是完播代表的是用户愿意花费宝贵的时间把视频看完，一来证明视频质量足够高，二来可能会收获更多的粉丝。

　　那么，在抖音平台，完播率多少才算好呢？一般认为，0~10%是比较低，10%~30%是正常，超过30%就是良好，更高的话就是优秀了，也就具备了成为爆款的潜质。通常，完播率达到

40%就会被平台继续推荐。

但是，完播率的计算真的这么简单吗？答案是否定的，实际上完播率还要综合另外两个因素——播放时长和播放进度。

第一，播放时长。

一条5秒钟的视频，即使拍得稀烂，很多用户也会看完，毕竟时长太短，不知不觉时间就过去了，即使不是很喜欢也不介意多看两秒，因此这种超短的视频完播率不会太低。相反，如果是小剧场类型的视频，超过1分钟，那很多只愿意看短视频的用户就会放弃，这也不能说明视频质量不好，只是需要定位更精准的人群，但如果有的用户坚持看完了一半，那说明视频的剧情还是有亮点的，也未必不具备成为爆款的可能。

切记，时长每增加一秒，用户的耐心就减少一分，所以不看总时长而单纯比完播率是没有意义的。那么，如何判断播放时长的数据表现呢？以抖音平台为例，播放时长在3秒以下的是表现较差，3～7秒的则是表现正常，7～15秒的是表现良好，超过15秒的就是表现优秀。

看到这里，有人会说，既然完播率如此重要，那我只做5秒左右的视频，那完播率岂不是相当高了吗？没错，从理论上讲会大幅度提高完播率，但是你仔细回忆一下，抖音上有几条5秒钟左右的热门视频？几乎没有，这是因为5秒钟能呈现的内容实在太少，它可以在特殊情况下成为一条爆款视频，比如5秒钟展示"勇敢的逆行者"，但是，只做5秒时长的账号不可能成为大V，因为没办法无限复制这种类型，甚至都不能精确垂直到某个领域。想要成为稳定输出热门内容的大V，几秒钟的超短视频真的不要考虑了。

第二，播放进度。

首先要向大家科普的是，进度并非一个显示百分比的数值，它代表着整体加权的结果。如有15%的用户看完了视频，有40%的用户看到了60%，有50%的用户看到了80%，这些都是作为数据统计到完播率中的。也就是说，完播率虽然有一个明面上的计算公式，但是抖音系统在分析数据时会考虑到这些细节表现，然后综合出一个更公平的结果选择推荐。

之所以要讲到这个细节，是让一些新人明白，不要因为担心用户耐心不足而刻意控制时长，从而导致视频质量下降。比如剧情类视频节奏再快也需要一点铺垫时间，你为了提高完播率强行压缩时间，虽然有20%的用户看完了，却有60%的用户在10%的进度就退出了，这在平台看来就是视频存在严重问题，至少可以判定视频是一个小众类型，不适合向全体用户推荐。

在讲解了完播率的复杂性之后，相信很多人都会关心如何提高完播率，在此我们分享四个技巧。

第一，动态时长。

在初创账号的时期，可以利用时长越短、完播率越高的规律，将每一条视频都控制在30秒之内。当然这个设置不能以破坏作品质量为代价，比如把原本1分钟的视频压缩到30秒，而是可以分成两条，剧情类的就是上下集，等逐渐积累了一些粉丝之后，再适当增加时长，扩充内容，以更高质量的视频提高播放进度的数据表现。

第二，高潮前置。

很多剧情类视频都会把高潮部分裁切1~3秒放在片头，这就是为了吸引用户看完，比如两位好朋友竟然大打出手，用户自然好奇是什么纠纷让他们翻脸的。同样，干货分享类的视频也可以前置高潮，比如把信息价值最高的一条放在片头："免费蹭车代替买车，这才是买车的终极攻略！"美食类的视频也可以把美味佳肴做好之后的画面放在片头，诸如此类，都能提高完播率。

第三，开头定格。

在视频开头的2~3秒内定格画面，利用这短暂的停顿时间，让用户看到带有醒目标题的画面，这时人们就会产生一种预期，想看看定格画面之后会是什么内容，它和高潮前置不同，是借助开头设置的桥段来吸引用户。

以剧情类视频为例，画面开头是一个男人惊讶的脸，题目是："我昨晚的事情还是被老婆知道了！"大家自然关心男人干了什么以及老婆会如何处置他，接下来就是正常的剧情推进了。同理，知识讲座类的视频也可以先把大纲或者思维导图定格3秒，让用户大致了解要讲的干货，配上"3分钟教你学会理财"之类的醒目标题，大多数人都会耐心等待视频正常播放后的内容了。

第四，反向选题。

如果在一段时间内，平台的主流视频都是讲"租房如何省钱"的话题，那么你可以颠覆主流话题，做一条"二房东才最省钱"的视频，不要指望用户会完全支持你，因为他们会全程看完之后想着怎么吐槽你，而你的反向选题就是为了引发争议，同时提高评论率和完播率，提高视频的流量。

当然，反向选题存在一定的舆情风险，所以选题的范围不要涉及敏感话题，不能以三观不正为代价换取流量，那样无异于饮鸩止渴，一定要选存在争议性的、讨论空间大的，比如"儿子也要富养""谁说婆婆就是敌人""炒股才是打工人的第二职业"之类的话题。总的来说，这种技巧适合心理素质强大的博主，因为一旦在评论区吐槽你的人多了，心理素质弱的人是承受不了的。

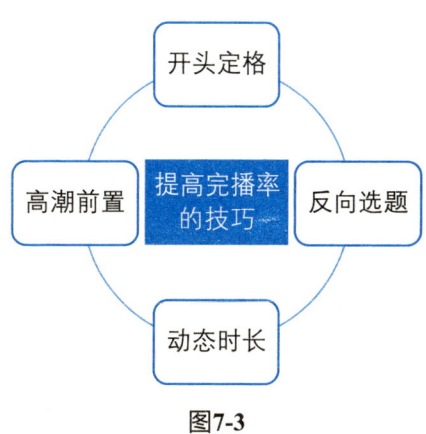

图7-3

完播率是走向爆款的重要门槛，这道关卡冲不过去，就很难通过高赞、高评论和高转发破局，所以在内容创作和账号运营时，要不断以提高完播率为切入点进行思考，避免踩雷，建立优势，才有机会在同类型作品中杀出重围。

涨粉率：只有你不受欢迎

得粉丝者得天下，这句话一点不假。在抖音上，粉丝量是最直观的数据表现了，它不要一条一条查看点赞、评论，只需要扫一眼ID名称旁边的数字就能判断一个账号的质量了。自然，很多博主都在关注一个指标——涨粉率。

涨粉率是怎么计算的呢？视频涨粉量除以视频播放量，简单说就是关注作者的粉丝总量除以视频的总观看用户数，就是涨粉率，也叫涨粉指数，这个数值越高就代表着作品的质量越高。一般来说，涨粉率超过1%就是表现不错了。当然，这个涨粉率是动态变化的，比如在平台推荐之后，账号曝光度骤增，那么涨粉率也会跟着提高。再比如内容创作者经过复盘后找对了垂直领域，精准定位目标人群，涨粉率也会提高。此外作品质量提高、参加官方活动等行为都会直接影响涨粉率。

看到这里，可能有人会愁容满面，为什么自己的账号涨粉率那么低，到底问题出在哪里呢？

通常，抖音涨粉率低主要是以下几个原因造成的。

第一，记忆深度不够。

吸粉的关键在于，视频会让人产生记忆点，这和创作者选择的垂直领域关系不大，主要还是在于表现形式。这里所说的表现形式是创意层面的，不能仅仅局限于技术层面。如别人拍摄旅游用微单，你是微单加上无人机再加上手机，拍摄手法专业，视角丰富，乍一看的确有点意思，可是看了几条之后就会索然无味，因为缺乏内容本身的创意，花哨的镜头只能产生短暂的亮点，无法形成记忆深度。

抖音上有个名为"醒醒吧张律"的博主，30天内涨粉375万，涨粉率超过了220%，简直是一个让人不敢相信的数据，为什么该账号能成为黑马呢？主要是博主不会干巴巴地科普法律知识，而是通过案件模拟和一镜到底的拍摄展示社会现象。博主本人也会高喊"我是律师"并且拿着一把雨伞，人设清晰有趣，让用户产生了足够的记忆深度。

记忆深度是别人关注你的初衷：这个博主很特别，值得关注一下！如果你能够从这个角度出发进行内容创作，就有可能找到差异化优势。

第二，选错垂直领域。

其实很多新人自身并没有明确的技能属性，也就是说做哪个垂直领域都差不多，这样看似选择范围很广，但很容易走入误区。以抖音为例，泛娱乐、剧情、美妆、美食等赛道都已经成了红海，想要杀进去并不容易，不如选择相对小众的领域，还有做大的可能。抖音上就有做演讲知识分享的账号，赛道竞争不激烈，投入成本也很低，每条视频基本上就是用PPT展示知识点，也能做到百万粉丝的体量，而且准入门槛还很低。同样，还有人做名人演讲的，只是自己配上了字幕和录音，稍加解说一下也能做到几十万的粉丝。

为什么这些人的涨粉率不低呢？主要还是选对了赛道，既不高估自己的实力，也不低估自己的潜力，而这恰恰是很多新人犯的错误。所以从运营的角度看，有时候要学会放弃沉默成本，一旦发现选错了垂直领域，赶紧重开新号。

第三，没有渡过质疑期。

涨粉的终极目标是变现，粉丝就是未来买单的消费者，然而有些博主过于偏向商业思维，老是考虑如何尽快变现，结果却得不到粉丝的信任，活活把自己做成了营销号。如做玉石鉴赏的账号，大概率是要通过卖玉石产品来赚钱的，但是这一行一般人根本不懂得鉴别真伪，所以当用户在看视频时，会下意识地防备你兜售真假难辨的产品，这个阶段就叫作"质疑期"，即便有10万人关注了你，但他们还不具备变现的条件，然而你因为心急只做了几条视频就开始带货，粉丝自然不会买账。正确的做法是，先多做一些玉石鉴赏的知识，慢慢取得粉丝的信任，等待机会成熟后再谈变现，这样才能吸纳到高价值的粉丝。

第四，表现形式错位。

即便选对了赛道，也可能因为表现形式错位让用户无法接受，这也是很多新人会误入的陷阱。如一位外形俊朗的博主非要通过出演搞笑段子来制造记忆深度，而出演的角色又都是搬砖工、保安等，这就很容易让用户出戏，浪费了自己原本的优势。正确的做法是，可以出演一些职场精英、年轻教授、金融奇才等角色，既符合人设，也找对了最能制造记忆点的方法。

表现形式不仅是指角色，也包括拍摄手法，比如选择了益智玩具这条赛道，家长原本是愿意掏钱的，但是拍摄手法总是用成年人出镜介绍产品的方式，这样就很难让宝爸宝妈们产生代入感，自然就不会关注这个索然无味的账号。正确的做法是尽量让孩子和产品同时出镜，突出"场景化"，这样的镜头才能切中家长的要害，刺激他们的消费欲望和关注意愿。

第五，更新速度太慢。

很多新人因为是业余时间拍摄，并非专业做自媒体，很容易"断更"，看似是一件小事，其实这决定了你和粉丝的心理距离，因为只有规律的、不间断的更新，才能让你的账号看起来更有生命力，就像你朋友圈中每日都会发几条动态的老朋友那样，你能感觉到对方的存在。

　　抖音的头部医生"仙鹤大叔张文鹤"，如今粉丝数已经达到2000多万，在他刚做医学知识科普的一年多里，不论工作有多忙，每天都至少更新一条，有时候拍摄背景就是自己在上班或者下班的路上，虽然画面看上去缺乏精致感，但是稳定的更新让他和粉丝俨然成了每天沟通的老朋友。他也会积极在评论区和粉丝互动，营造出了强烈的生活感和社交感，自然获得的流量也更加稳定。相反，一个专业能力再出色的医生，更新不固定，回复不及时，粉丝有问题也不敢找其请教，耽误不起。所以，更新的速度代表着人气聚集速度，不容小觑。

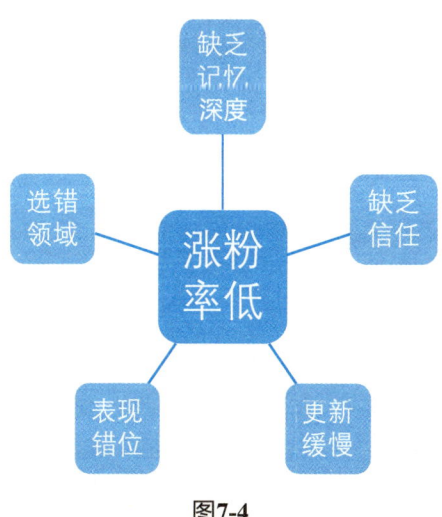

图7-4

　　有的内容创作者并非全职的自媒体人，只能抽出业余时间创作视频，那就要记住多留"存货"，即在时间充裕的情况下多拍摄几条视频，不用一口气都发出来，而是要攒上3～5条甚至更多，这样在你无暇拍摄制作视频时可以应急，避免因为停更造成粉丝流失。

　　造成涨粉率低的原因远不止上述列举的几种，但这些误区都是新人容易踩的雷，也是破局的关键。其中有一点我们不能忽视，那就是先把粉丝当成朋友，而非变现的工具人，只有本着这种态度，别人才能在关注的同时给予信任和期待，这些才是涨粉的原动力。

转化率：流量如何变成真金白银

随着直播在淘宝的兴起，不少电商平台也都推出了直播功能，抖音也不例外，有很多短视频博主通过直播走上了带货之路。然而，每个人的直播成果是不尽相同的，主要差别就在一个重要指标——转化率。

转化率是指下单人数除以实际观看直播的人数，它是评价一次直播带货业绩的最直观的方式。值得注意的是，和点赞率、完播率这些数据不同，转化率并非越高越好，它应该有一个合理的区间。可能有人对此不理解，举个例子大家就明白了。

如果有A和B两家店铺，A店老板站在门口拉客，是个人都拉进来，于是人越来越多，自然会有很多人只看不买，因此转化率不会很高。B店老板坐在椅子上等着客人上门，没有采取任何营销活动，所以进来的客户肯定是购买意愿强的，转化率自然就高于A店。但是明眼人都知道，B店老板的这种经营态度迟早会把店铺干黄。

一个转化率很高的产品，意味着本来有更多的机会曝光给不那么精准的流量，从而换取更高的曝光率，所以做直播带货时转化率过高，基本可以判定你的引流做得较差。下面，我们就来看一下转化率的优良判定标准。

1.低于1%

这意味着转化率根本不合格，通常发生在那些刚开播不久的直播间，粉丝数量太少，主播缺乏带货经验，无法引导用户购买，只有解决上述问题才有破局的机会。

2. 1%～3%

这属于刚刚及格的区间，数据说得过去，不过总利润应该不会太高，除去总成本之后盈利成绩不会太好看，需要再接再厉。

3. 3%～5%

这是比较合理的区间，意味着拥有了稳定的粉丝群体和固定收益，直播间可以长期开播，渠道资源也能跟上，但还是有上升的空间。

4. 5%～20%

这是表现优秀的区间，如果能长期稳定在这个水平，就能在平台上获取更多的流量，发展前景十分乐观。

5.超过20%

这个比率，一种可能是头部主播的数据表现，粉丝群体相当庞大且黏度高，渠道资源也丰富；还有一种可能就是引流做得不好，是刚需用户占比太高导致的。

那么，到底如何判断转化率是否合理呢？其实并没有绝对的数据标准，因为不同类型的产品转化率是不同的，最简单的办法就是在垂直领域内进行横向对比，比如你的垂直领域内头部主播的转化率只有15%，而你却有17%，那几乎可以断定是引流做得不好，而非你成了"头部的头部"。除此之外，也可以通过前面介绍的数据分析平台收集同类产品的带货数据，认真对比之下就能判断自己位于哪个层级。

转化率不要持续拉高，而要尽量保持稳定。哪怕数据并不优秀，但稳定的转化率就意味着稳定的客流，说明引流方向是正确的，粉丝黏度也说得过去，你要做的是在稳中逐步提高，而非盲目拉高占比，这就涉及如何提高转化率的技巧问题了。

第一，学会选品。

人们都说"七分在选品，三分靠内容"。很多时候，产品的好坏决定了内容产出爆发力的大小和利润空间。同时，选择好产品也是对粉丝和消费者负责，因为这是你在用信任感交换的业绩，切不可做坑害用户的短视行为，所以宁可选择少量的精品带货，也不能广撒网什么产品都推销。当然，不同垂直领域的产品种类繁多，无法制定统一的衡量标准，但有两点是通用的：尽量贴近刚需端，价格保证最低。

学会选品的重要前提是了解产品，有些博主只是粗略看一下产品和说明书就开始推销，这样很容易踩坑。最好在专业人士的介绍下了解产品，从而判断其实用价值，最好是亲身试用，这样既能通过专业的讲解让用户了解产品，同时也能用自己的真实体验打消用户对产品的顾虑。

第二，产品拟人和融入情境。

很多新人在带货时，依然是传统的硬广思维，即直接介绍产品的优点，这样就缺乏"情境感"，产品和用户之间的关系是割裂的。正确的做法是融入工作场景和日常生活中，让产品和场景深度关联，同时对产品进行拟人化处理，这样就能在吸引用户眼球的同时让用户产生强烈的共鸣感。

如果带的货是一款吹风机，那就要结合吹风机的使用场景：上班、约会、参加重要活动。以约会为例，拍摄一段美女准备出门的视频，旁边坐着一位贴心的闺蜜帮她梳头，等到美女准备出门时，可见其一头干爽柔顺的秀发，回眸一笑时，刚才闺蜜坐着的椅子上放着一个吹风机，此时再把镜头对准站在门口、满眼爱慕的男友，这就是把吹风机拟人化贴心闺蜜并结合了应用场景。同理，在直播期间，这几个元素要反复向用户宣传，提高曝光度、感知度和记忆点，那么用户对吹风机的需求就会增强。

第三，和粉丝互动。

很多博主带货时，总是一味地推荐产品或者讲故事，却忘了和粉丝互动，结果一场直播下来转化率奇低还打击自己的积极性。直播带货并非电视广告，必须时不时地和粉丝互动，这样才能活跃直播间的气氛，提高实时交互性。

至于如何互动，方法是多种多样的，可以向粉丝展示产品细节："你们能看清这个设计花纹吗？""大家喜欢这种湖蓝色的配色吗？"也可以向粉丝讲述使用体验："你们猜猜我用了这款护肤霜之后几天就有变化了？""觉得我用了之后气色变好的扣1。"还可以向粉丝询问产品需求："有多少人洗衣服后掉色的？""你们希望它的使用寿命是几年呢？"除此之外，还要及时地回复粉丝提出的问题，而不能自说自话，以免引起粉丝的反感。

第四，提供便捷的购买渠道。

有些带货新手由于未能获得抖音的带货权限，总是想把粉丝引流到第三方平台变现，这样看似省事，其实非常麻烦，因为要不断地跳转链接，这就涉及了网络、应用、耐心等诸多问题，一些粉丝会因为这些细节问题而放弃。同时，这种引流第三方平台的做法也会浪费在抖音上的曝光机会，所以一定要开通抖音带货功能，这样粉丝就能直接在带货视频的左下角找到购物车的按钮，直接跳转就能下单购买，缩短了消费流程，优化了购物体验。

第五，优化带货话术。

很多新手由于没有销售相关的背景，所以在话术引导上比较差，不懂得如何抓住用户的消费心理，比如在介绍一款化妆品时，会把重点放在成分、资质认证上面，以为这些就是产品的亮点，但其实对很多用户来说，他们根本搞不懂这些成分的真正价值，也不理解资质认证意味着什么，这时候我们就要在话术中抓住用户的痛点和爽点。

痛点，就是用户害怕什么、担心什么，比如害怕皮肤衰老，那就强调产品抗老、冻龄的效果，甚至可以适当渲染一下不护肤的后果，用恐惧感激发用户下单。爽点，就是用户购买产品的愉悦感，比如某款化妆品是某某明星使用过的，或者是代表着高端轻奢的档次，这样用户才愿意花钱去满足虚荣心。

营销话术不是高大上的空泛语言，而是接地气的、直击要害的"实在话"，新人如果不易掌握，那就多看头部的带货直播，很快就能掌握相关的话术技巧。

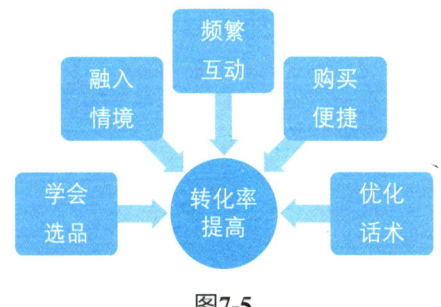

图7-5

提高转化率的方法有很多，但是核心离不开两点，一是牢记用户的需求，二是让用户对你产生足够的信任，这些才是最终促成交易的决定性因素。我们可以在直播中"炫技""整活"，但始终不能忘本，因为无论是线上还是线下，打通买家与卖家的合作桥梁永远是诚信交易。

终极篇：流量变现直通车

第八章

直播带货：镜头一开，变现很快

直播带货，是目前为止所有销售手段中最高效的一种。从销售效率上看，传统销售是一人对一人的方式，即便是会销，一个销售最多面对上百位顾客，但是在直播间里，主播可以面对百万、千万甚至过亿的顾客。从销售周期上看，直播间只需要十几分钟甚至更短的时间就能完成下单，而传统销售中用户的决策周期会更长。因此，变现的尽头是直播带货。

对于习惯做短视频的博主来说，直播是一件很陌生的事情，需要了解直播的每一个环节。下面就来介绍一下直播带货的流程。

第一步，带货定位。

定位是被一些新手直接跳过的步骤，而这一步恰恰是最关键的，因为定位是让你明白自己要吸引什么样的人群以及为他们解决什么样的问题，这就是你的直播目标，如果连这个目标都搞不清楚，直播是很难成功的。比如你是美妆博主，能为18～35岁（青年化妆品消费群体）年龄段的女性用户提供物美价廉的美妆产品，帮助用户解决装扮、出行、社交等需求，这就是直播目标。你要明白，粉丝是因为相信你在美妆领域的知识、经验和资源才购买的，明确定位，才能做好后面的步骤。

直播定位也包含着直播风格，也就是用何种方式带货。这个没有统一标准，通常是和账号的人设绑定的，在此可以给大家一个对比参考：A账号以销售员的样子出镜，一边品尝水果一边叫卖；B账号以朴素的农民装扮在果园里介绍。如果两个账号的产品和价格接近，你会选择在哪家下单呢？

第二，人员分工。

直播不是靠一个人就能完成的，这就需要你根据团队的构成情况进行详细的划分，意见领袖出任主播或者副播，善于沟通的去做助理，懂营销的参加选品、排品、策划福利活动……简单说就是有人展示产品，有人提供链接，有人解答问题，有人控场。在分工的时候一定不能模糊责任，避免出现"三不管"的问题，否则可能会毁掉一场直播。

当然，有些小团队没有这么多人，做不到分工细化，那起码要保证有三个人，即主播、副播和场控。主播掌控直播的整体节奏，副播进行补充，场控则负责后勤。

第三，搭建直播间。

不要小看直播间的作用，好的直播间能够增强直播效果，这就需要进行合理的布置。比如灯光架设在哪里、麦克风支在哪里、如何走线等，手机直播的主设备就是用手机摄录，电脑直播就是通过电脑连接摄像头摄录。灯光可以选择美颜灯，注意不要光线太暗，要让用户看清产品；收音要确保没有杂音，让主播的声音清晰地被用户听到。当然，如果有专业的摄录器材更好，可以多机位、多角度拍摄主播和产品，也可以通过多种灯具完成主体光（照亮场景）、背景光（衬托主体）、辅助光（增加层次感）的设置，营造出更有美感的直播间。

直播间的风格要和产品类型相匹配，要尽量搭建专业性强、整洁干净的直播背景，制造出空间感，毕竟很多直播要几个小时，不能让用户看久了产生疲倦的感觉。当然，如果想进行户外直播也可以，但要考虑到天气、收音、环境等外部因素，避免被意外事件中断。

第四，直播预热。

预热的目的是为直播间引流，这就需要用好抖音直播带货的预告功能，主要有三种方式。

1.个人页直播动态

在直播账号的主页设置直播公告，这样任何人访问主页时，都能在直播动态中看到并且能够标记进行预约，防止有价值用户流失。

2.商品清单直播预告

直播预告可以引导粉丝在抖音搜索直播账号，帮助他们提前了解直播的相关信息，也可以通过其他平台去发布预告进行引流，当然抖音官方也会给点击过预约直播的用户发送信息，对直播间进行引流。

3.短视频预告贴纸

它可以帮助你在发布视频的同时预告直播时间，只要用户点击贴纸上的想看按钮，就能收到开播提醒，通常在开播前10分钟，抖音官方会发送通知告诉你有多少用户观看了直播预告，在直播中也会提示哪位观众进入直播间，在结束时会进行数据总结。

需要注意的是，上述直播预告都要保证和真实开播信息一致，否则存在出入的话会被取消预告功能。

第五，流程策划。

直播策划主要包括产品介绍、活动安排、粉丝互动、下期预告等内容。产品介绍就是讲产品的卖点，能够解决用户的什么痛点，对比竞品有哪些亮点；活动安排就是规划好每一个环节，比如开场满送（聚集人气）、整点抽奖（吸引用户关注）、点赞送礼（撑起高潮）、限量秒杀（冷场时拉高人气）等；粉丝互动是如何提高粉丝的活跃度并如何解答提问；下期预告就是要在直播结束时重新介绍产品（时间紧张可以介绍重点产品），照顾后进直播间的人，不放走任何潜在用户，最后让用户期待下一次直播并关注账号。

策划就是撰写直播的脚本，要把能预计到的问题都列进去并考虑好B计划，防止在直播过程中出现意外。

第六，正式开播。

通常直播不要少于2小时，当然这要根据你的带货品类和账号定位等因素决定，时间太短很难吸引到流量，毕竟不是所有人都会准时进入直播间。带货的品类一般是每场选择5~10款商品，其中要有一款引流单品、2~3款折扣主推产品，先后顺序排列清楚。价格要根据产品定位和用户人群合理制定，不过根据一般的直播经验，单价百元下的产品往往是销量最高的。

开播后，要按照策划内容和直播预告中的流程逐步推进，在此需要注意一些细节：高价的爆款要限时出售，低价的爆款要限单出售，秒杀福利要面向所有人。此外，直播的节奏也非常重要，千万不能为了带货一味地介绍产品，可以穿插一些和粉丝互动、主播和副播聊天的内容，各种方式都要来一下，比如截屏抽奖、发放优惠券等，千万不要只用一两种，那样会显得十分单调。一般来说，每5分钟或者10分钟都要重复一遍口播的重点信息，比如产品的卖点和亮点，让观众产生记忆点，每半个小时或者整点玩一些有趣的福利活动，留住直播间的观众。

在直播结束时，不要忘记做下期预告，可以适当卖个关子，制造神秘感，但也不能什么关键信息都不说，可以介绍一款受欢迎的折扣产品，吸引观众继续关注。

第七，直播复盘。

直播结束后要进行复盘，找出直播中出现的问题，避免重蹈覆辙，这就需要团队成员集体观看直播回放，不遗漏每一个细节，比如灯光布置的不够明亮、互动环节有些尴尬等，同时要依靠数据分析平台进行数据复盘，比如最高在线人数在什么时段、互动次数、商品点击、下单高峰，这些数据可以逆推出成功之处，比如在说了哪句话之后下单人数暴涨，这些专业的数据分析平台都会收集，是新人逐步掌握直播带货密码的关键。

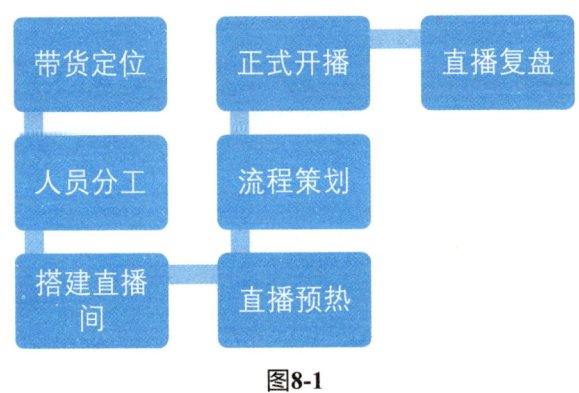

图8-1

以上就是直播的基本流程，如果你是第一次直播，最好在开播前进行一次彩排，通过镜头来了解直播间的搭建效果，和团队一起商量是否有需要调整的地方，避免翻车。此外，也可以多去同类型账号的直播间取经，看看竞品是如何吸引用户的，学习彼方长处，亮出己方优势，你才能慢慢在直播间积累人气和流量，走上带货变现的终极之路。

广告订单：让粉丝为你买单

接广告，是很多短视频博主的变现渠道之一，但是对新人来说，接广告变现存在一些误区和陷阱，稍有不慎就可能对账号造成不良影响，让日后的变现之路变得困难。

首先要解决大家一个疑问：接广告会不会影响流量？这里要区分一个概念：短视频博主正常接广告和广告营销号是不同的，前者属于正常的变现行为，后者才是被平台针对的。当然，接广告是要通过内容输出来完成推广任务，不能在昵称、签名以及个人主页中公开做广告宣传，那样只会被认定为广告号并被限流。

想要接广告变现，并不是说你的账号非要成为大V或者某条视频成为爆款，只要有一定数量的活粉，广告主有可能就会找你。一般来说，粉丝量超过10万、20万时，可能会成为广告主主动联系的对象，但如果没有人找你，你也可以主动出击，通过一些渠道接广告。下面我们就来介绍一下常见的五种方式。

第一，MCN机构。

现在抖音已经推出了认证的MCN机构，开放了站内签约带货达人的权限。和其他渠道相比，MCN机构的广告资源非常丰富，而且有着大量经验丰富的运营团队，能够配合带货博主拍摄的优质视频并促成合作，因其管理机制更加完善，能够有效把控内容和生产，所以能提高广告宣传的曝光度和呈现效果，从而吸引更多人的视线，帮助博主完成广告产品的销售。不过，MCN机构比较看重账号的商业价值，对粉丝数量不够庞大、缺乏爆款视频创作力的账号会比较谨慎。

第二，巨量星图。

巨量星图是抖音平台开通的广告交易渠道，相当于为博主和广告主牵线搭桥，广告主可以在巨量星图上发布广告任务，而博主则可以选择接哪些广告任务；达成初步意向后，博主可以按照广告主的要求制作并发布广告视频，获得事先商定好的推广费用。另外，博主也可以在巨量星图上发布自己接广告的要求，从而过滤掉一些小广告主和小额订单，提高接广告的效率和收益。不过，进入巨量星图是有粉丝数这个门槛的，目前官方给出的条件是：抖音官方账号在抖音平台粉丝量≥1000且已经开通直播购物车权限；如果没有开通直播购物车权限，需要粉丝量≥1万。相对于其他平台，巨量星图是比较安全可靠的交易平台，具有较强的公开性和透明性，既不会限流，也不会让粉丝反感，广告交付最轻松，运营成本最低，盈利最高。

第三，新榜。

新榜是自媒体广告的服务商，和抖音平台进行长期合作并推出了连接广告主和自媒体的服务，设置了专门的"新榜商桥—资源对接平台"，无论是抖音达人还是企业、媒介，都能无门槛入驻，入驻之后能够和商家沟通协商确定广告任务，也能免费发布自己的需求，让企业主动联系你。不过想要获得更多的服务需要额外付费。

第四，入驻商家。

抖音上有大量的品牌方入驻，当博主达到一定的粉丝数量时，这些品牌方就会主动联系博主，当然博主也可以主动私信对方，达成合作意向后，博主就可以通过抖音达人发布广告。不过这一类合作要特别注意视频内容的把控，因为这属于非官方广告，平台审核会比较敏感，要以软广的方式呈现，避免走传统硬广的路线，否则广告视频很可能会被限流甚至下架。

第五，商品橱窗。

在抖音的创作者服务中心里有"商品橱窗—成为带货达人"的选项，开通后就可以在橱窗和视频中添加链接，成交后就能获得相应的佣金。目前开通的条件是实名认证外加保证金500元、个人主页视频数量10条以上，粉丝量超过1000，门槛相对较低，适合新人。

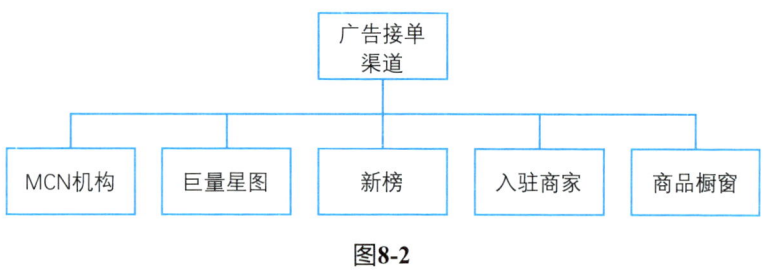

图8-2

虽然接广告意味着变现之路打通了，但新人也不要只想着赚钱，要注意对广告的品牌、质量进行审核，避免踩雷。因为，抖音上的非官方广告还是存在风险的，也就是你私下里和广告主达成合作协议，如果你接了假冒伪劣产品的广告或者推广视频制作得太像营销号，那很可能会被平台降权、限流，账号就会越来越亏损，最后很可能会被封号，所以一定要谨慎。

另外新人也不要抱有幻想，在粉丝量级达不到很大规模时，大品牌通常不会主动找你合作，主动来的往往是一些传媒公司，他们会整合很多平台的账号形成宣传矩阵，大多已不太介意账号的粉丝量级，但这类公司鱼龙混杂。所以要擦亮眼睛，在达成协议之前多调查一下对方的背景。

在介绍了广告合作渠道之后，肯定有人关心广告能赚多少钱的问题，一般来说是按照三种方式计算的：一是播放量，广告主会根据你的播放量来计算费用，通常是1万次观看的价格在40元左右，播放量越高自然收入也就越高；二是粉丝数，当你有5万粉丝的时候，不管粉丝点不点开也会给你100元，所以粉丝越多越划算；三是拍摄专门的视频，不需要在抖音发布而是由博主出镜制作后发给品牌方，等于借助你的个人IP进行宣传，价格一般在千元左右。

最后，我们探讨一个关键性的问题：什么样的账号容易接到广告呢？在回答这个问题之前，先从广告主的角度出发，看看广告主需要什么类型的账号。如果你是一个厨具的品牌方，目标客户的标签是：女性、已婚、美食、健康……那么符合这个条件的可能是烹饪教学类的账号，而非美食类的账号，因为前者的受众是想自己动手烹饪的，后者只是喜欢品尝美食，未必拥有厨艺。迪过这个身份互换，就可以得出以下四个条件：账号处于热门垂直领域（如美妆、服饰等）；粉丝数量足够多（至少过万）；粉丝活跃度和精准度高（评论区互动良好）；账号不存在违规、限流等问题。

切记，账号越垂直，广告价值就越高，因为粉丝群体往往和广告的目标群体重合，能够完成精准营销。当然，有些泛娱乐化的账号因为粉丝量级大，也会被广告主看中，所以归根结底还要结合自身实际情况和广告主需求，不必为了迎合这些条条框框改变账号的定位。

从账号运营的角度看，接广告是迈向成功的一步，但这一步也包含着风险和机遇，优质产品的广告会让你赢得更多粉丝的关注，相反劣质产品的广告可能会让你大量掉粉甚至被封号。所以秉持商业化思维将流量变现是没有错的，但是在操作细节上一定要小心谨慎，要站在消费者的角度全盘审视产品，这样你才能让个人IP的价值不断上升。

抖音小店：博主和店主的完美合体

如果说哪条路距离变现最近，那就是抖音小店了。

抖音小店是抖音为商家提供的带货工具，在它刚上线的时候，需要30万粉丝的准入门槛，一度让不少商家望而却步。但是随着抖音小店的火爆，这个门槛已经取消了，这对于不想经历内容创作的人来说是一个利好消息。下面就来介绍一下抖音小店的开通步骤和经营要点。

第一，准备工作。

首先要准备好营业执照、身份证、银行卡、手机号和项目资金。如果是个人运营，办理个体户营业执照即可，这样不涉及对公账户，流程相对简单，注册成本低，下证快，日后规模做大了在税收方面也有很多优惠措施。准备手机号是为了注册小店的账号，如果你用抖音号去注册小店的话，一旦账号被封禁，小店也会被牵连封禁。项目资金包含周转资金和保证金。如果你注册的是个体户营业执照，保证金是企业店铺的50%，能帮助你节省不少资金。

至于保证金的数目，因为类目不同金额也不同，一般最低的是2000元，这笔钱在你不想做小店之后会退还。不过，为了方便后期更换类目，最好选择5000元的保证金，这样经营范围会大一些。周转资金其实就是代拍资金，因为抖音小店不需要自己有囤货，而是在客户下单之后，你去货源代拍商品然后填写客户信息，这笔资金在前期经营时基本上不会超过1万元，回款周期也比较短，通常不会超过半个月。

第二，开通店铺。

在电脑端操作，搜索"抖音小店"，进入官方网站之后，点击"立即入驻"，然后注册登录，选择主体类型，再提交准备好的相关资料。如果注册的是个体户营业执照，就选择"个体工商户"；如果是企业店铺，则选择"企业"。在店铺类型这一栏中，一般选择"普通店"就可以了。店铺信息中填写资质审核，最后进行账户验证并缴纳保证金。审核通过后，点击"立即缴纳"就会跳转到充值界面，然后通过支付宝、网银等支付方式充值缴纳。这样就完成了入驻手续，一般来说只要手续齐全当天就可以入驻，效率很高。

第三，经营店铺。

1.选品

无论是线上还是线下，开店的第一要务当然是获客。那么抖音小店的顾客从哪里来呢？起关键作用的就是选品，只有上传了大众喜欢的产品才能吸引顾客。这个其实不难，只要多逛逛各大电商的销售榜单，都能找到一些适合自己出售的产品；当然也可以去视频数据分析平台追踪抖音的直播带货信息，看看大V们销售的哪些单品最多；也可以去其他销量好的抖音小店转转。

除了人工选品，最可靠的办法还是数据选品，这就需要使用采集软件，比如北抖商、抖精灵、巨量算数、飞瓜数据、蝉妈妈等，它们的作用是采集各种销售榜单，让你知道哪些商品被大众喜欢，比如某产品的搜索指数排行第一，那就说明在这段时间内需求量较高。不过，采集软件通常都要收费，一般都在每月10元以内，选品的渠道有拼多多、阿里巴巴、抖音精选联盟等。切记，选品是最重要的，产品不受欢迎，多么高明的运营都是空中楼阁。

当然，也有一种"盲打"的经营模式，即上传几千上万个商品，因为数量多，总会有一些产品出单，不过这种方法还是过于简单粗暴，通常商品数量维持300～400个是常规打法。如果实在不会选品，也可以选择季节性的潮流单品，比如夏天的防晒服、冬天的手套等。总的来说，选品涉及的学问比较多，也是让很多新手头疼的环节，但是只要记住三点就能少走很多弯路：找细分市场、避免红海、利润空间大。

2.上货包装

在采集了数据之后，要将商品搬运到自己的小店里，这个环节可以用到妙手、智能店长、蚂蚁搬家、虎虎搬家等软件。需要注意的是，商品信息不要原封不动地搬过来，必须要删除敏感词、优化标题、美化主图、填写详情，这样才能避免触犯平台禁忌，同时也更容易抓住顾客。比如美食类的突出口感、营养，用色彩饱和的图片勾起食欲，还可以蹭蹭热点话题，比如用"毕业季送站必备零食""情人节有它，你身边就有TA"这种标题来吸引眼球，只有对商品进行美化包装，才能创造最佳的营销氛围。

上架商品时要注意别放错类目，否则会被封禁，主图中不能出现品牌logo，不能用模糊的、拼接的、夸张的图片，要有白底图，不能出现人物肖像，也不能标注出其他平台的信息。

3.引流

最快的引流方法是和抖音达人合作，让他们帮助你拍摄短视频或者直播带货，但我们的视角是内容创作者，所以还是推荐用另一个抖音账号提前捕获一些粉丝，然后创作泛娱乐化的内容提高账号热度，再通过推广的方式引流到抖音小店。之所以推荐泛娱乐化，是因为抖音小店品类太多，做垂直领域十分困难，也容易限制后期发展。此外，要是资金充裕且内容创作存在困难，也可以通过DOU+、巨量千川等平台付费推广，提高小店的曝光度。

4.定价

吸引到了顾客，并不意味着顾客马上会下单，这要看你的定价是否合理。一般来说，可以根据抖音销量最高的价格结合自己的成本来定价，开店初期利润不能要求太多，可以比行价低几块钱做低价截流，但如果品类本来就很小众，那也不妨适当提价，做高价截流。这些都要具体问题具体分析，总之要么先赚吆喝要么先留利润。

定价时需要注意掌控顾客的心理，最实用的方法就是设置满减券，比如店铺里的商品均价在50元，那可以设置满70元减5元、满140元减10元的优惠，规律是略高于均价，也就是顾客花了50元之后，发现再花20元就能减5元，这样就容易刺激他们凑单。但如果设置为满100元减5元，就脱离了凑单的范围，很难构成吸引力。

5.发货

线上购物发货一定要快，因为顾客的选择太多，发货慢很容易被顾客取消订单。这就需要用到拍单软件，比如逸淘、小鸭一键下单、店管家、极速下单等，用它们从货源方拍单发货，然后同步物流信息。这些软件同样需要付费，通常每月租金在15元左右，价格相对合理，而且可以进行批量管理。不要节省这笔费用，否则人工处理非常麻烦。

6.客服

和其他网店一样，客户在下单前、收货后，可能就商品信息或者售后服务和店主沟通，所以一定要有一款客服软件，这方面不用纠结，选择飞鸽客服就能满足上述所有需求。

需要注意的是，虽然我们列举了很多付费软件，但这并不是硬性要求，也有人在上货环节手动搬运的，也有人用兼具上货和发货功能的软件比如妙手，至于哪种更适合自己，需要亲身使用才能知道。

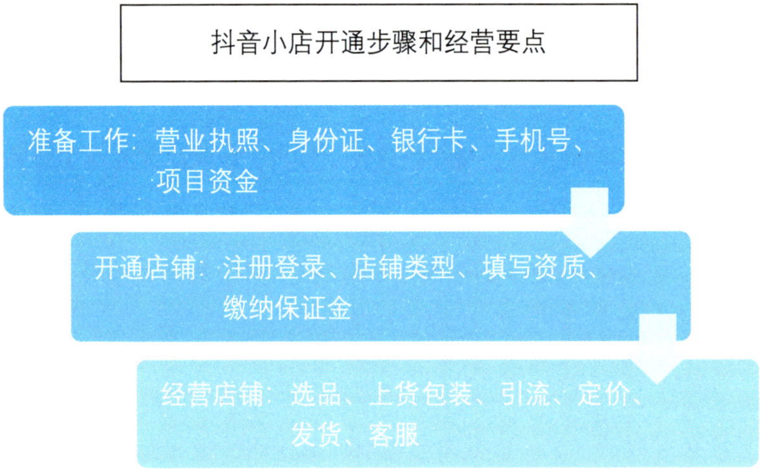

抖音小店开通步骤和经营要点

准备工作：营业执照、身份证、银行卡、手机号、项目资金

开通店铺：注册登录、店铺类型、填写资质、缴纳保证金

经营店铺：选品、上货包装、引流、定价、发货、客服

图8-3

总的来说，抖音小店投入成本较低，适合没有销售经验的新手，它没有传统电商那么复杂，容错率比较高，而且目前还算处于红利期，运营得法的话，也可以跳过吸纳粉丝这一步，只安心做好一个精明的商家。

　　如今抖音成了很多人娱乐、学习、赚钱的必备软件，这里面蕴藏的商机超过了很多线下店铺，随着抖音小店入驻门槛的降低，会有更多商家在这里发力，未来的竞争自然是激烈的，但店铺和产品的丰富也会吸引更多消费者，这就是我们要抓住的风口。

品牌赋能：一个账号救活一个企业

在传统广告逐渐式微的今天，不少企业为了获得曝光度，纷纷进入各大短视频平台获取流量，抖音也成了一众品牌商争夺的中心。抓住营销热点，提升品牌形象，拓宽用户群体，这些都是刺激企业走上视频营销道路的原动力。

抖音平台由于操作简单、成本低廉、渠道丰富等优势，成为一些企业抓住风口"逆天改命"的关键，即便是市场业绩不错的企业，为了长效发展，也会把抖音当成营销的主阵地，通过形式各异的视频内容吸引粉丝，最后通过转化将粉丝变为忠实客户，着实吃到了短视频时代的红利。

如果你是企业账号或者是短视频营销的运营商，就要了解企业在抖音做推广的核心方法，这样不仅能帮助自家品牌重获新生，也能成为一门变现的营销技能。下面就来分享一下企业应该如何在抖音运营。

第一，账号装饰。

账号装饰指的是企业在注册抖音账号之后，要先根据企业文化和品牌调性用心设置页面，主要包括合集设置和资料填写两个部分，是企业应当做好的基础运营工作，毕竟，企业号和个人号不同，不能过于随意简单，要向粉丝展示出正式感和专业性，否则不仅不易吸粉，还可能会被当成是高仿号。

合集设置听上去简单，其实并不是简单地对产品进行分类，而是要通过分类达到引流的效果，同时通过不同的文案搭配、话题设置和音乐特效来吸引用户关注直至下单购买。如果你只是把苹果、香蕉、葡萄按照各自的种类划分，那和线下的货架展示没有区别，无非是变成了电子版。所以要跳出这种传统思维，按照抖音思维重新分类：《分类1：关于水果的100个秘密》《分类2：苹果大战葡萄》《分类3：科技果园之秘密潜入》。在《分类1》中通过科普来讲述水果的营养价值，在《分类2》中讲述名叫"苹果"和"葡萄"的果园员工的剧情故事，在《分类3》中以第一人称视角"探园猎奇"。这样的合集设置就比较符合年轻人的口味，在观看视频的过程中展示产品卖点，刺激用户的购买需求。

资料填写相对比较枯燥，它是一个需要认真完成的细活，必须将账号名称、产品名称、业务范围等信息填写清楚，这里不需要搞怪，只需要简单清晰地让用户了解品牌文化，目的是提高用户的精准度，否则写得模棱两可，会错误地抓取低价值用户并错失高价值用户。

第二，内容建设。

在账号装饰工作完成后，接下来要面对的就是如何运营企业账号的问题了。内容建设并不是根据企业的产品来设置内容，而是要根据抖音平台的用户偏好设置内容。大部分短视频用户都对娱乐、科普、企业文化故事等内容感兴趣，所以企业内容建设要从这些兴趣点出发，抛弃传统硬广的宣贯式营销。具体点说，企业要做好关键词设定、内容布局和话题选择三个部分，其中关键词设定和话题选择对流量有重要的引导作用。

关键词设定，可以理解为最能代表企业品牌或者突出产品特征的词汇，比如可口可乐就曾经将"快乐"和品牌绑定在一起，还有耐克的"Just Do It"，诸如此类，凸显产品核心价值、简洁明了、朗朗上口的都适合做关键词，这就需要企业根据产品自身的特性来设定。有了关键词，就要把它融入视频，可以是出镜人物的一句口头禅，也可以在场地背景出现，还可以变身为某个吉祥物，这样在视频标题和内容中都能反复出现，强化记忆深度。

内容布局，就是围绕产品进行的内容板块设定，正如上面举例的水果经销商，从人们关心的营养健康、人们喜爱的情景短剧、人们好奇的实地探访三个板块展开，这就是围绕产品并结合实际资源进行的划分。比如服装类可以开设社交礼仪、服饰穿搭、扫街探店、试衣间的故事等多个板块，形式可以丰富多彩，但不能偏离产品这个中心。

话题选择，是根据品牌辐射的范围关联一些有热度的、用户敏感度高的话题，也是蹭热度的一种，不过尽量要蹭得有深度。比如可乐作为"肥宅快乐水"，可以和宅男宅女、加班的打工人、"社牛"利器等话题关联在一起。只要找到一个合理的切入点，即使稍微有些勉强也没问题，只要后续展开的内容质量更高。因为在蹭热度的时代，用户并不十分介意这种行为，他们只在乎你的视频是否提供了某种价值。至于寻找话题，可以用前面介绍过的数据分析平台去筛选，每天都会诞生很多热点，总有一款适合你。

第三，聚集流量。

优质内容是为了在数量和质量上吸纳更多、更优的粉丝，接卜来要做的就是把粉丝转变为用户，这里最关键的一步就是如何聚集流量。在此推荐两种方法。

1.参加热门挑战赛

挑战赛是抖音聚集流量的常见打法。只要打开抖音发现页面，就能看到前缀为"#"的挑战赛或者话题，通常都是品牌方和抖音官方合作或者企业账号自行发起的，一般挑战赛都有明星或者网红参加，所以很容易吸引用户的注意力。最成功的案例之一就是宝骏汽车，它利用"#真的刚刚好"的挑战赛标签，将背景音乐替换成自制的《宝骏360真的刚刚好》，这样就巧妙地将产品卖点与歌词相融合，同时画面中的动漫形象很好地契合了宝骏的logo，很快就在全网掀起热潮，成功为品牌赋能。

2.自行发起挑战赛

如果你的主动性和执行力都很强，也可以变被动为主动，自行发起挑战赛。2022年，苏宁易购就和抖音官方联手打造了一场"818"狂欢盛宴，赚足了热度，随后又在双十一期间发起"#舞动广场之巅"挑战活动，形成线上的广泛联动，反复通过视频展示品牌口号，获取了不少流量。

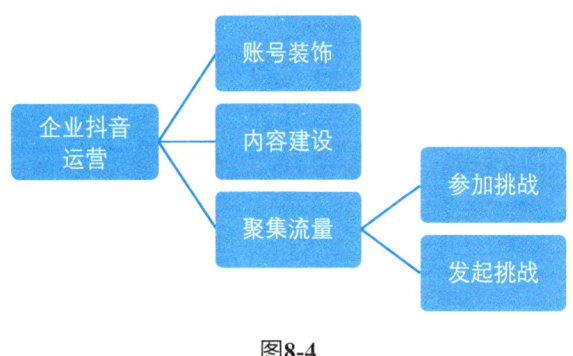

图8-4

在获取流量之后，企业要学会借助数据分析平台对粉丝进行画像和分类，比如性别、年龄、地区、爱好等，这样才能为后续的内容输出和广告投放做好准备。比较实用的方法是将企业账号的视频放在首页推广，让更多的用户点击观看，然后通过直播或者短视频的方式引导用户购买。

在去中心化的时代，企业想要借助短视频为品牌赋能，就要学会用多元化的表达方式来产出优质内容，同时颠覆传统的运营思维，这样才能在新的营销平台上站稳脚跟。抖音对品牌的意义，不单纯是产品宣传，更是引流工具和变现宝器，前期发布有创意的内容，中期积攒流量红利，后期进行转化变现，把每个环节做好、做细，就能把赋能品牌的基本思维彻底打开，找到一片新蓝海。